多姿是海洋的拿手好戏

青春美文精品集萃丛书·拿手好戏系列

《语文报》编写组 选编

时代文艺出版社

图书在版编目（CIP）数据

多姿是海洋的拿手好戏／《语文报》编写组选编.
-- 长春：时代文艺出版社，2021.6
（青春美文精品集萃丛书. 拿手好戏系列）
ISBN 978-7-5387-6763-6

Ⅰ. ①多… Ⅱ. ①语… Ⅲ. ①作文－中小学－选集
Ⅳ. ①H194.5

中国版本图书馆CIP数据核字(2021)第096478号

多姿是海洋的拿手好戏

DUOZI SHI HAIYANG DE NASHOU HAOXI

《语文报》编写组　选编

出 品 人：陈　琛
责任编辑：徐　薇
装帧设计：孙　利
排版制作：隋淑凤
出版发行：时代文艺出版社
地　　址：长春市福祉大路5788号　龙腾国际大厦A座15层　（130118）
电　　话：0431-81629751（总编办）　　0431-81629755（发行部）
网　　址：weibo.com/tlapress（官方微博）　　sdwycbsgf.tmall.com（天猫旗舰店）
开　　本：880mm×1230mm　1／32
字　　数：135千字
印　　张：7
印　　刷：三河市嵩川印刷有限公司
版　　次：2021年6月第1版
印　　次：2021年6月第1次印刷
定　　价：36.00元

图书如有印装错误　请寄回印厂调换

编　委　会

Contents

目 录

平凡中的发现

多姿是海洋的拿手好戏

扬起理想的风帆

绽放在蓝天的青春

成长的蜕变

平凡中的发现

亲爱的妈妈，感谢您

杨　柳

　　"世上只有妈妈好，有妈的孩子像块宝……"我特别爱唱这首歌，它让我想起亲爱的妈妈。妈妈，每天给我洗衣做饭的是您，送我上学接我放学的是您，回家辅导我功课的是您，生病的时候陪在我身边的还是您……

　　我两周岁的时候很调皮，喜欢搬着小板凳到处跑。一次跑快了，把头砸在板凳的拐角上。我疼得大哭起来，两眼之间裂开了一条三厘米长的口子，顿时鲜红一片。您赶紧抱起我，十万火急地来到县医院。医生帮我清理伤口后开始缝针。爸爸按住我的两个小胳膊，您按住我两条腿。我哭，您也哭。妈妈，虽然我不记得这件事，但您每次提起这件往事的时候都心疼地看着我头上留下的伤疤，眼睛湿湿的，自责地说自己没照顾好我，让我脸上破了相。不，亲爱的妈妈，那不是伤疤，那是我童年成长时爱的烙印！

　　记得一年级的时候，一天下午天空突然下起了雨。雨点落在地面上吧嗒吧嗒响，真有趣！下课时，我和小伙伴在雨中跑呀，跑呀，有时还仰着脸让小雨点钻进我的嘴巴。突然，我脚下一滑摔了一跤，新裤子弄成了大花裤子。回家后，您没有责怪我，而是赶紧给我换了一条裤子，还用温暖的手摸摸我的腿，细心地叮嘱："今后一定小心点！"我使劲点点头，小小的心里装满了幸福。

　　上三年级了，第一次英语考试没考好，回家的时候我低着头，很不开心。当时您见了奇怪地问："咦，小宝贝你怎么啦？"我支支吾吾地说："没什么。"您摸摸我的头说："今天心情不对劲呀？"在您的追问下，我难过地说："英语考试没考好，是我们小组里面最低的一个。"妈妈，当时您温柔地对我说："一次没考好不代表永远，只要努力，下次一定会取得好成绩！"妈妈，听了您的话我的信心又来了！在那以后我认真听课，及时复习。果然在接下来的小测验中考了九十八分，小组第一！我把试卷带回家给您看，您的笑容是那么灿烂，连声对我说："你真棒！"

　　妈妈，感谢您，在成长的道路上给予我呵护和鼓励，妈妈！您就是爱，是希望，是我的全部。

下雨天的感恩

芮雪涵

天阴沉沉的，乌云密布。外面刮起了大风，吹得树叶乱摆，生锈的电箱发出"嘭"的撞击声。

"不好了，要下雨了！"我跑回了教室，随即而来的便是豆粒大的雨点。

同桌拍拍我的肩，小声说："喂，你穿这么少不冷吗？"

我低头，自己只穿了一件单薄的衬衫，在冷风肆意的扫荡中瑟瑟发抖。

我没有回答她。想起早晨时母亲千叮咛万嘱咐一定要添衣保暖，可固执的我还是随手拿起一件衬衫匆匆了事，唉，早知当初就多添些衣服了。

上课铃打破了我的懊悔与回忆，我却没有心思听课。这时，窗外掠过一个熟悉的身影，眼尖的同学已经认出来："那是小雪的妈妈！"大家齐刷刷地盯着窗外——母亲打着伞，吃力地提着一袋衣物。我见状，向老师报告后急忙跑到门外。

"妈，你怎么来了？"

"瞧你！跟你说了多少遍，今天要下雨，会降温，可你怎么……"母亲的语气里带着一丝担心。

"行了，行了，我要去换衣服了。"我不耐烦地说。

换完衣服，寒风依旧刺骨，可我的心里却涌起暖流。回到教室，同学们用羡慕的目光看着我，我却思考着是否该为母亲做些什么。

又是阴沉沉的一天，雷声大作，还没反应过来，雨点便已打在身上。

"怎么办，怎么办呀？"母亲出去买菜，这雨一时半会儿也停不下来，母亲怎么回来？一个念头闪在我脑海中——送伞。

撑起一把伞，我找到母亲常去的菜市场，一眼望见了母亲。

"妈，我来送伞！"

母亲看着我的表情甚是惊愕与诧异，估计她怎么也没想到我会有如此举动。她恢复了平静后指着我手里的伞问："伞只带一把？"

"哎呀，瞧我这脑子！"我一拍自己的脑门儿，出门时只想着给母亲送伞，却忘记了还该再带一把。没办法，只好共用一把伞了。

　　我高高地举着伞，尽量使伞能遮到母亲。就这样，我与母亲慢慢走着。我不经意地向母亲看了一眼，突然想起那次她给我送衣物后在雨中朦胧的斑驳的背影渐行渐远。瞬间，眼角浸满泪水。母亲转过头来问我怎么了，我抹了一把泪，笑着告诉她没事，只是有些触景生情罢了。

　　是啊！母亲也会老，天真的我总是认为来日方长，可在这无数个来日方长里又真正为她做了些什么？母亲抚育我成长，我呢？只是享受着她做的一切而不知回报。看来从明天，不，从今天起，我就要学会感恩，学会回报母亲为我做的一切！

感 恩 母 亲

奚舒瑾

是什么让鱼儿欢快游动，是大海；是什么让鸟儿自由飞翔，是天空；是什么让小草茁壮成长，是大地。那么，是什么让我们人类欢快地、幸福地活在这个世界上，是母亲，伟大的母亲。

记得有一次，天气非常冷，我被冻感冒了。妈妈就买了感冒药，放在桌子上还在旁边写了张小纸条：只有吃药，感冒才好得快！我心想：不就是感冒，用得着吃药吗？而且药那么苦，怎么吃得下？于是，我在每次吃药时，趁妈妈不注意，偷偷把药倒了。过了几天，我的感冒愈发严重，导致了发烧。妈妈急忙把我带到医院，挂了两瓶盐水后我们就回家了。到了家，本以为妈妈会把我痛骂一顿，结果妈妈却说："吃了退烧药去睡一觉，这样病才会好得快。"这时我感到一阵暖意，温暖了我，我想这就是母爱。

　　小时候母亲是用手牵着我们，长大以后是用心牵着我们。母亲的爱是无私的，是伟大的，是不求回报的，以后我们最应该感恩母亲，听听母亲那年老的欢笑，倾听母亲的唠叨，多与母亲谈心。

　　妈妈，你给我的爱让我幸福温馨，所以我要怀着一颗感恩的心去感恩你为我付出的一切。

爱 的 价 值

陶梓妍

我原想要一片云，但您却给了我一片天空。

我原想要一点儿温暖，但您却给了我整个怀抱。

我原想要一株小草，您却给了我一整块绿地。

当我需要一丝温暖时，母亲您却给了我所有的爱。

一岁那年，我们刚定居于上海，看着那些小孩子手上的玩具目不暇接。母亲总会拿出钱，毫不犹豫地买玩具，虽然那时什么都不知道，但我知道母亲对我是好的。

当我十岁那年，手中的小玩具已经满足不了我了，看着电视中的电子游戏机，我嚷嚷着一定要。父亲同意了，可母亲不同意，说小孩子这么小不能玩儿，伤眼，玩了长大戒不了。我生气了，为此两天不吃不喝，父亲急了，说："孩子她妈，买吧！"母亲仍然十分坚定，不买！那一刻，我对母亲的感觉，越来越差。

平凡中的发现

《《《

009

两年一眨眼没了，我十二岁了，母亲刚在芜湖买了新房，再加上弟弟的降生，家里的钱越来越少。新学期刚开学，我几乎每天回家第一句话就是，"妈，买资料。"母亲总会毫不犹豫地把钱给我。

一天晚上，我在房里看书，觉得累了，歇了一会儿。"哎，这几天资金紧，没办法，可女儿的教材，书也要买，学习重要！"我偷偷走到母亲背后，听见母亲说，"明天我去打工，你别担心，女儿学习重要，这么多年，我也没帮她买些什么，算我欠她的。"我的眼泪在眼眶打转，一把从后面搂住母亲，"别，妈妈，你别打工，我会好好上学的。"母亲的眼泪滴在手上……

香味是什么

潘书洵

香味是什么
有人问
香味是什么呀
我来告诉你吧

如果你闻了桃花的芬芳
香味是粉粉的红色
如果你听了北风的声响
香味是凉凉的
如果你尝了柑橘的味道
香味是柑橘的
如果你触摸了妈妈的脸颊
香味是温暖的

......

香味就在我们身边

香味是我们的生活

只要你用心尝一尝

我心灵的甘露

王　芳

　　窗外，小雨淅淅沥沥地下着，下着，似是绵延不绝。或是下给我的，留给我的一场雨露。打开窗，那被春雨洗过的太阳，不经意间便照在窗前树下，映在树叶尖的那点点雨露上，散发出的光更是美极了……

　　恍惚间，我似乎在雨露的光影间看到了一幕，我便探寻着那一幕，找到了……

　　同是在雨天，不过是瓢泼大雨，我撑起一方油纸伞，走在熟悉的街道，看着来来往往中淋雨奔跑着的人。不，不全是，我见到一对老人，老爷爷用衣物挡在老奶奶的头上，因老奶奶拄了拐杖，可能是腿脚不便吧，行动极其缓慢，老爷爷也不催促，就这样一步步到楼道下躲雨。我竟看得出了神，也朝他们走去，老爷爷看到我过来，忙给我腾出一方地。我看着他们俩，想都没想地就把伞放在老爷爷手里，他们诧异地看着我，我解释："我家就在楼上！"老奶奶感激地看着我，我朝他俩点点头，就走上去了，在楼上的窗户里看到老人互相搀扶着，打着一方油纸伞，心中很暖。看他们走远了，我便下楼了，眼见雨越来越大，我一下冲出去，直奔家门。

我站在门口似是很不舍这场雨，竟鬼使神差地又跑出去。站在树下，几颗雨珠滴过我的脸颊，滑落到我的嘴角，竟是甜的！我又用双手接了几滴，又不那么甜了。

记忆的碎片又合上，我明白了那是胸间的甘甜，心灵的甘露。

我看着窗外，似是在回忆心灵的甘露，它竟那样甜，那样甜……

友 谊 录

董丽键

友谊，为我的童年，留下了一段最珍贵的回忆。童年的每一件往事，正如一滴滴清澈的雨水，汇成了一条"回忆河"，滋润着我的心灵；童年的每一件往事又如一个个跳动音符，奏出了一首"童年之歌"，永久性地在我耳边播放；童年的每一件往事，就像是一篇篇文章，组成了一本厚厚的《友谊录》，给我留下了温暖与甜蜜……

打开《友谊录》，翻到了第一章，它记录了我与朋友的初遇。

八年前，我才四岁，一天中午，我呆呆地站在家门口，目光一直投向新搬来的邻居一家。我看见一个叔叔和阿姨正忙碌地搬运货物，旁边，一个小女孩儿在父母身边跳来跳去："爸爸、妈妈，快陪我玩，好无聊呀！""那里有个小朋友，去找她玩呀！"叔叔的手指向了我。这时，那个皮肤微黑，扎着两个小辫儿的小女孩儿蹦蹦跳跳地来到我面前与我打招呼："你好，我叫小欣，我们可以做朋友吗？"面对这位新朋友，我兴奋地表示同意，还和她握了个手。我们都笑了，随后奔向了我家后面的"小公园"。

小欣提出了用花"做蛋糕"的游戏，然后，我们一起寻找了公园里的各种各样的漂亮的小花，开始细心地、静静地做"蛋糕"。"好漂亮呀！"我激动地手舞足蹈，"接着，我把它们洒在你身上吧，小丽丽！""不要啊，我可不舍得。"我急忙阻止。"没事，我再做一个给你呗，仙女散花喽！"花瓣飘落在我们的欢乐之中，一玩就是一下午，阳光久久地照射在我和她的小身影上……

《友谊录》的最后一章，记录了我与朋友的分离。

转眼我们已经十一岁了，正在为离开这里、回各自的老家做准备，因为我们住的这条小街就要被拆了。在此期间的一天，我们竟闹了矛盾，整个下午都没理对方。第二天早晨，她竟然像小时候那样，才过一天就找我和解。

"小丽丽，我想我们该和好了，因为……因为仅剩一天了，明天早晨，或许……我就看不见你的一家，也或许……或许你也找不到我了。"她哭了，我的心也湿润了，泪水情不自禁地涌了出来，我抱住了她："我们一定要好好珍惜今天！"

我们又走向了常去的小公园，这儿一直是这么多年来我们玩耍的天地。今天，我们在这里散步，这里的每一处都有我们数不清的趣事。你说："我们回老家以后，我想你了该怎么办呢？""嗯……那你就看看我们俩的照片，我也会常看你为我写的离别信的。""答应我哦，等我们长大了，一起再来上海的这里玩，好吗？""Ok！"

现在，住在小区的我常常趴在窗前，望着外面，觉得自己就像一只被关在笼子里的鸟，有一些孤寂之感。唯一欣慰的是，我有着一本厚厚的《友谊录》……

夏

王　健

　　春刚送走了严寒之冬，夏又代替了生机之春。如此，年复一年，夏却始终没有改变他的本性。

　　夏迫不及待地上任了，他来临之后。太阳越发地热情了；树越发地绿了；人也越发的感觉热了……

　　太阳挂在天空上不久，便散发出无限的光辉：照射着河流；照射着行人；照射着花草……整个世界都在接受着光热，接受因夏而来的恩泽。

　　在阳光下，看：那树是多么的葱绿；瞧：那几个孩子多么开心，即使满头大汗；瞅：那天是多么的纯净。

　　夏天了，人们穿得更少了。在城里，建筑工人做事更劳累、更辛苦了。在乡下，农民种菜更开心了。

　　乡下的农民做完事，和家里人、邻居们在一起，欣赏着那门前荷塘中的景色，再喝着杯凉茶，就可以忘却这满满的暑意。

　　春天开了许多花，而夏天中，荷花最佳。荷花在水中，有白的，有粉红的，有绽放的，也有含苞……各有各的姿色，各有各的特点。远远地看，那塘中的荷花被周围的荷叶所围，就像一位仙子被一群长相平庸的人所簇拥。近看荷花，仿佛一位看破红尘、高傲、质朴而又不失华贵的智者。给人以一种清凉的感觉。

　　"轰隆隆"，伴随着一阵雷声和一道划破天际的闪电，夏雨就在这样的环境中突然降临。夏雨是粗犷的，在天空中如同无数白马的闪电，一闪，便把整个天空劈为两半，如此景象，总给了那些躺在床上望着天窗的农家孩子无数美妙幻想。听着那声势浩大的雨声，看着天空，夏天就是如此粗犷！

　　雨下过后，树木更加葱茏，河流小溪流淌得更加畅快，人们的心情更加舒畅！

　　夏天的树木是最绿的，他是一个成长的季节，他让我们更加完美。

　　夏天的雨说下就下，它让我们的生活更有意思！

平凡中的发现

奚梦云

　　远离城市的喧嚣，摒弃尘间的杂念。信步于古镇之中，独享一方宁静。

　　散落在角落的店铺，简陋的砖块搭建起了平凡的小镇。古朴的屋墙，苍绿的爬山虎攀附着。繁密的叶片，交错的嫩茎，缠绕着生命的欢乐。锈迹斑斑的自行车随意停靠在墙边，留下时间的刻痕。郁郁葱葱的树肆意增长，和煦的阳光透过枝丫，在石板路上留下斑驳的光影。路旁的小溪流水潺潺，平添一份恬静。前方的小巷交错相通，不知会通向何处的古屋。

　　漫步于狭窄的小巷，推开那古朴的木门。里面可能会有几位年过花甲的老奶奶吧，她们一定绣得了一手好花。她们坐在小巧的木凳上，闲聊家常，右手上的白布隐约能瞧见栀子花在她们手中悄然绽放；抑或有一位学识渊博的老先生与自己的孙子吧，饱经沧桑的大手握住稚嫩的小手，在宣纸上肆意地挥洒。古镇里，住了一代又一代的人们，他们一代一代地延续着。日落时，随意推开一扇木门，老奶奶做着饭，老爷爷们摸着白胡须，笑呵呵地对弈着，小孩们则围着大榕树玩耍着。细水长流在这里，被诠释得平凡质朴。

　　站在庭院内，看夕阳西下。品一杯香茗，抛却所有纷扰，任思绪随袅袅轻烟飘飞。平静心绪，从麻木欲望中走出，体会生命之源。才发现，茫茫人海，芸芸众生，每个人都只是沧海一粟，然而这每一颗粟，组成了这个世界。

脚印里的爱

陈 夜

　　"难忘"是一个什么概念？朋友说它就像是一张白纸上滴上了一滴黑点，永远也抹不去。不错，它确实如你所说，是一个永恒的概念。

　　那是一个风雪交加的日子。这时的我还只有八岁，但学习负担并不比现在轻，什么课外补习、学尤克里里……一窝蜂地向我涌来。"等妈妈一会儿，今天雪太大了，你自己别摔了！还要拿那么多的东西，我送你去吧！"身后传来妈妈的声音，我转过头，看着把自己裹得里三层外三层的妈妈，妈妈还生病了，我的心中忽然有一股暖流涌过。

　　在去老师家补课的路上，我和妈妈并排而行。路上的雪很厚，妈妈便转过她那裹得只剩下眼睛的脸对我说："你去我后面，踩着我的脚印走。"我不解地问："为什么啊？"妈妈笑着说："这样你的鞋就不会湿啊！"虽说当时只有八岁，但我还是理解"爱"字的含义的。爱无处不在，妈妈为了不让我的鞋弄湿，在那寒冷的冬日里，她留下了一个个温暖我的脚印。在别人眼里，也许这并不算什么。但在我眼里，它却值得我珍惜一辈子。

"逝者如斯夫，不舍昼夜"。时间像流水一样消逝，转眼已经过去了五年。时间在母亲的脸上留下了印迹，但那份爱，依旧如初。

在记忆的银河里，这是一颗璀璨无比的贝壳。每当遭受到委屈，认为世界没有爱的时候，"拾"起它，便是我安慰自己的最佳方法。

对我影响最深的那个人

王成芳

有一条悠长悠长的小径，那是通往十年前的家，没有富贵十足的生活，亦没有父母温馨的呵护，有的只是一瓢清水，年迈的奶奶。并不是抱怨什么，只是一时的感慨罢了。

上了年纪的奶奶带我这么个野气十足的丫头却是绰绰有余啊！

眼看着我头倾斜得快要掉落时，奶奶一巴掌打在我的身上，昏昏欲睡的我立马清醒万分，擦着刚留下的口水印。我立马坐好，捧着书本装模作样的看书。"你要是再不给我坐正了看书，看我怎么对付你……人站有站相，坐要有坐相，东倒西歪像什么话！对吧？我都能背出来了！"奶奶瞪大了双眼，我又立马低头认错，这不是没节操，这叫好汉不吃眼前亏。想当年，就因为这事，受尽了折磨——奶奶把我的马尾梳得特别高，特别紧，只要一低头，紧绷的头发便让我疼得龇牙咧嘴，叫苦不迭。走路也是一样，每次散步的时候，我想走小道插进去，便一会儿到家了，奶奶拉住我说："走大路！"邻里都说她傻，我也这样觉得，奶奶告诉我说："人要正！那么就要坐得端正，行得端正，不要净走些歪路。"儿时的我自然是不理解，只是被强迫着这样做。

奶奶一直都这样做的，不走岔路、歪路，长大了，奶奶又说："人要正！所谓正，是人品正，不走旁门左道，要行事磊落！"这我才明白。

奶奶一直言传身教，教会我这些道理，这才使我在这个社会中安身立命，那我也要告诉大家"做人要正"！

我努力读懂亲情

陶 倩

天空，乌云密布，给大地蒙上了一层乌黑的面纱；小鸟，不见了踪影，都去躲避风雨了；风儿，呼呼地刮着，像刀子一样割在我的心上……

我独自走在放学回家的路上。考试失败了，是的，我又失败了，一次又一次，总是失败在迎接着我，我的心里笼罩着一层强烈的失落感。天空飘下了几滴雨，想是老天在为我的遭遇而哭泣吧，我没有带雨伞，只好任凭雨水击打，孤独地走在家和学校两"点"所确定的直线上。我思绪万千，我明明很努力，为什么，为什么结果还是这样……

雨越下越大，快把我的衣服淋湿了。这时，雨中出现了一个熟悉的身影向我奔来，越来越近，哦，原来是妈妈。看到妈妈，我的心中掠过一丝欣喜。妈妈心疼地看着淋湿的我，用手抚摸着我湿透的头发，然后拿起手中的雨伞，心疼地说："你看你，下雨也不打个电话，要是淋湿了，感冒了怎么办。"尽管我现在心里很悲伤，但妈妈的到来仿佛一缕冬日里的阳光，温暖了我幽暗的心灵。我牵着妈妈的手，妈妈右手拿着雨伞，我多么希望时光就停留在这一刻，永远也不要过去。我和妈妈静静地走着，耳边只剩下细细的雨声和妈妈粗粗的呼吸声。我静静地凝视着她那被雨露打湿的鬓发，那滴滴晶莹的雨珠顺着她的肩头滴进我的心中，不冷，反而暖暖的。那把雨伞就像是爱的天平，永远倾向着我。此时，泪水模糊了视线。原先的失落挫败早已幻化成泡影，消失得无影无踪了。我在心里不停地告诉自己：你是全世界最幸福的孩子，你有这么好的父母，又怎能为了一时失败而气馁呢？我一扫之前的不快，呆呆地望着妈妈，我多么想对她说声："谢谢您。"

亲情，是人世间最伟大的情感。曾经，我想努力读懂它，但总是似懂非懂，无法真正体会。但现在，我相信，我懂了，我真的懂了。亲情是一句关怀的话语，它给予你心灵的慰藉；亲情是一把倾斜的雨伞，它让你感到幸福；亲情是心灵的港湾，静静地抚慰疲惫的船帆。

做 好 自 己

王 蕊

做好自己，也许只是做一颗小小的星星；做好自己，也许只是做一株矮矮的小草；做好自己，也许只是做一只新生的鸟儿。我们不用追求十全十美，只要顺从自己的意愿，问心无愧地做好自己。

曾经，我们总是特别在乎别人的一切。羡慕别人的美丽、嫉妒别人的富贵、讨厌别人的傲娇……而那都是用别人的标准来衡量自己，真的快乐吗？真的会成功吗？

我们也许丑陋，也许贫穷，也许劳累，但我们不需要羡慕别人，只要做好自己，找到生活的乐趣。他们荣华富贵又能怎样，没有信心、勇气，没有立身之本，还是会欺骗他人，欺骗未来，欺骗整个世界。

我们只要爱自己所做的，做自己所爱的，我听到有人说过：满足是人最大的需求。难道是因为人贪婪吗？不是这样的。人就像一块宝石，有的人想拼命发光，但无论怎么做，我们所看到的只是一块没有光泽的宝石；而有的人没有想象自己会怎样的光芒万丈，只是做好了自己，不停地寻找着生活的真谛，来满足自己的心灵，那样美丽的宝石是令人渴望的。当然有很多人都想成为后者，可他的行动却注定了他永远只是微不足道的前者。

做好自己，其实很简单。寻找快乐，追寻梦想，找到自己的真谛。朝着自己的目标努力奋进，不断向上成长。时刻保持着美好心情，你要知道做真正的自己才是最好的。人生漫漫，与其羡慕别人，不如做好自己。

找到属于自己的未来，走自己选择的路，做更好的自己!

繁星如画

周翰林

"黑黑的天空低垂，亮亮的繁星相随，虫儿飞，虫儿飞，你在思念谁……"

夕阳西下，夜幕悄然来临。不知不觉间，夜姑娘来到我们身边。她可真美啊！无数繁星挂在她那漆黑如墨的长裙上，宛如一颗颗流光溢彩的钻石。

孩提时代，我伏在妈妈的背上，听着她说一个又一个故事。我迷迷糊糊地听着，思绪渐渐飞远，慢慢地，慢慢地进入甜美的梦乡。

隐隐约约之中，听到妈妈轻轻哼着那首歌，洁白的月光透过树荫，洒在地上。

如今，璀璨的霓虹灯，耀眼的车灯，我们似乎不再需要星星那单纯而微弱的灯光。当人们沉浸在新时代的梦里，以虚无缥缈的网络为伴，便遗忘了那遥远而古老的星星。

在这片广袤而深邃的夜空之中，无数星星散发着他们独特的光辉，那么纯洁美丽。小时的我对一个传说深信不疑。小时妈妈拉着我的手，指着那一颗颗散发光辉的星星说："孩子你知道吗？那一颗颗星星其实是一个人哦。"年少的我对此深信不疑，有时我仰望星空会思考一个问题：在那浩瀚无垠的夜空之中，是否有人与他为伴。

后来我想明白了，在浩渺星辰的包围之中，他们独自屹立在宇宙之中，彼此为伴，为什么会感到寂寞呢？

我的心在那浩渺星辰中慢慢沉静，我明白了世间最伟大的东西就是朴素无华，深邃广博。

平凡中的发现

潇洒自在而活

奚 芮

"离离原上草，一岁一枯荣，野火烧不尽，春风吹又生……"每当读起白居易的这首《赋得古原草送别》，就不得不想起小草……

春天，小草从土地里破土而出，他们稚嫩的身体随微风摇摆，每天朝着太阳微微一笑，感谢太阳散发的光芒，给予他们新的生命。春去秋来，小草披上了黄色的外套，他们即将逝去，但他们丝毫不畏惧，依然朝气蓬勃；活得潇洒，活得自在。用自己的生命换来下一株新苗……

小草是那么可爱，可爱得让人为它的逝去感到惋惜，同时它又是那么坚强、勇敢。春季，是个多雨的季节。看啊！一场暴雨即将来临。乌云黑压压的一片，几乎布满了整片天空。不一会儿，雨，如洪水、瀑布般倾泻下来。这无疑是要给小草带来巨大的伤害，不免让人感到担忧。他们并没有害怕，虽被沉重的雨水压弯了腰，但仍努力昂首挺胸，以最好的精神面貌去迎接挫折和困难。他们坚信：雨后必定会有彩虹。

雨，停了。太阳拨开了一层层厚厚的乌云，把阳光洒向大地。霎时间，天边出现了一架彩虹桥。是……是彩虹！这是天公对勇者的嘉奖。

小草勇敢、坚强、不畏困难……生活中，我们也要向小草学习，面对挫折、磨难，不畏惧、沉着冷静，敢于拼搏。

又是一个桃红柳绿的春天，又是一棵接一棵破土而出的小草，又是一场暴风雨中的拼搏……

书籍伴我成长

汪梦婷

　　高尔基曾经说过："书籍是人类进步的阶梯。"书籍就像夕阳的最后一抹余晖，使人眷恋；书籍就像日出的第一缕阳光，让人期待。书籍在我的童年给了我很大的影响，它就如冬日里的暖阳让我的心灵无比的温暖，使我的心灵得到升华，让我成长，使我快乐。

　　还记得那个没在记忆中的夏天，我还是个会和母亲吵架斗嘴的叛逆少女，但那个十分炎热的六月天一直印在我的心里，天很热，但我的心很凉。

　　那天我和母亲吵了一架，一气之下，摔门而去。一个人走在宁静的绿茵大道上，心里感觉空落落的，我走着走着，不想动了，便在最近的那个木椅上坐下了。无所事事地东张西望，突然目光被一块纯绿的招牌吸引了，"荒岛图书馆"这个特别的名字一下子就跳进我的视野里，也许是因为我的心就如那茫茫大海中的荒岛一般凄凉吧！我揣着一颗好奇的心走了进去⋯⋯

"哇！"一进去满墙的涂鸦让人忍不住发出感叹，顺着朴素的楼梯上去，终于看到了图书馆全貌：映入眼帘的是一个复古的吧台，吧台旁边放了几个做工精致的小篮子，里面放了几朵淡雅的小花；一个超大的木质书架，许多各种类型的书整齐摆放在书架上，还有一些好玩的工艺品。我找了个座位坐下，随手拿了一本书。过了许久，我看完了，我的心灵受到了极大的震撼，不是因为书写得多好，词用得多好，而是因为我感受到的作者的心，我觉得这些枯燥的文字被作者赋予了生命，它们鲜活地向我们演绎了一个又一个触动心灵的故事。

从图书馆出来，我觉得自己变得成熟了，看一事一物的眼光不一样了，在图书馆门口徘徊了一会儿，还是决定回家。走到家门口，眼神突然撞上了在窗口观望的母亲，眼泪不禁浸满了眼眶，说："妈，我错了！"脱口而出，换来的是母亲欣慰的笑容。

书籍就像雨后的彩虹那般耀眼，它伴随我成长，无论是快乐，还是悲伤，它都陪我度过。它就如冬日里的暖阳，让我无比的温暖。也如河水干涸时的最后一滴水，让我拥有一线生机。

友谊与我同行

胡叶雯

身处于花季时期的我们，青春对于我们而言，充满着阳光与活力。在青春时光里，我们将会收获到无数真挚的友谊，而这些将会是生命中最难以忘却的回忆，友谊也将会是描绘青春最浓重的一笔！

莎士比亚曾说过："青春时代是一个短暂的美梦，当你醒来时，它早已消失得无影无踪。"的确，青春是短暂的，当你不再年少时，便会悄然离你远去，青春正是因为有了友谊的点缀，使其展现出无尽的光芒与璀璨。

窗外下着淅淅沥沥的小雨，让我不禁回想到了那一天——我气定神闲地坐在教室里，准备迎接放学铃。不一会儿，令人喜悦的声音响起了，我背上书包，向窗外瞥了一眼，那一眼，使我惊讶了，窗外竟下着雨。手脚竟不听使唤地停留在窗前，双手托着腮，茫然地看着外面，心里总在回想着一件事：我该怎么回去呢？这真是一个最为紧迫的问题，如若向别人求助，也许他们会说，你父母不会来接你吗？我们可没时间哦。我只能在心里默默地说："他们哪有时间！"看见同学们一个接着一个离开了教室，我的心不禁灰暗了，我……难道……突然，一只手搭在了我的肩上，说："跟我走吧。"在心情陷入最低谷时，是这只手唤醒了我，使我看到了光明。这只手是多么的熟悉啊，手指间的温度传达到了我的心房，我不宁的心绪散尽了，这是谁呢？心中似乎已有了答案，回头一看，一点都不出意料，果然是她，我的好朋友——郁，此刻她犹如天使一般，散发着沁透人心的光芒。"走吧！""嗯。"我不禁发出了内心的声音，"有你真好！""那是，谁让我俩是朋友呢？"两人都会心一笑，不一会儿就到家了。她转身离去，望着她那离去的身影，我在心里默默地说："在青春的旅途上，拥有如此真挚的友谊，我没有遗憾！"

友谊是深海中的明珠，让我们无限珍惜，但这最深入人心的友谊，又如在荆棘中傲放的玫瑰，在我们的青春年华，绽放出最美的一面。因为青春，我们拥有了友谊，让青春伴我们同行吧！

开 心 果

李德仁

我心中的妈妈就像一条小船，船的一头载着我，一头载着家。

清晨，我趴在妈妈的肩膀上，仔细地看着妈妈白皙的皮肤，细数着妈妈那一缕缕乌丝。妈妈的眼睛大大的，一眨一眨的，嘴角微微翘起，看着我，妈妈甜甜地笑了。看着妈妈的笑容，我也不禁笑了起来。没错，在家里，有妈妈，就是这样的温馨！

妈妈总是那么勤快。下班回家后，休息片刻，第一件事就是帮助奶奶做些家务。晚饭过后，妈妈总是争先恐后地收拾碗筷，生怕别人抢走她的"饭碗"似的！忙完手中的活儿。周末，她像只小白兔，"左蹦右跳"(当然，这里是忙成这样)。她先是出门购买一些家里所需的日用品，然后，又带着爷爷奶奶出去逛逛，散散心。最后，妈妈还忘不了我，总是记得她答应我的承诺，带我去KFC吃饭。

　　妈妈虽然勤快得活像个小蜜蜂，但也不失幽默。平时，只要一有空闲，她总会关心我。她讲的"珍珠"的故事，把我逗得捧腹大笑，前仰后合。这个故事不管讲几遍我都愿意听，而且每次都是乐在其中。"一天，一个醉汉搬着一块大石头，向电视砸去，只听一声巨响，电视还是好好的，这是为什么呢？"一次妈妈开心地问我，还说答对有奖呢！我想了又想，猜了又猜，可是最终还是没猜出来，我都快急死了，非要妈妈公布谜底，原来是"他没有砸到电视"！可是我不解地问："那为什么会有一声巨响呢？"妈妈高兴地说："小笨猪，连这个都想不到，我怎么会有你这个笨儿子，他的那块的石头砸到地板上了嘛！""哦！原来如此！"真是让我哭笑不得呀！

　　像这样的开心事，还多着呢！都说孩子是父母的开心果，我看呀，妈妈才是我的开心果！妈妈就是这样一个人，一边爱着我，一边爱着家！

谎言的另一面是美丽

陶丽娜

一直以来，谎言是欺骗，是丑陋的代表，但有人却用谎言编出了生命的希望，让谎言的另一面成为美丽。

美国作家欧·亨利写过《最后一片叶子》。故事说到有一个穷画家琼西，她还正年轻，但却患了非常严重的病，每天除了来往的病人医生，能看到的风景只有病房窗前二十米的一株挂在砖墙上老极了的常春藤。秋天的寒风把藤上的叶子差不多全吹掉了。琼西说几天前还有一百多片叶子，数得头都疼了，现在好舒服，只有五片了。她的脸色愈加苍白，手也只是皮包骨头那般。她给自己下达了最后的死亡通知书："等到最后一片常春藤的叶子飘落，便是我回到最初的时候。"一位老艺术家贝尔曼知道后，十分同情琼西。在当天暴风雨来临的夜晚，他挣扎着在墙上画了一遍永不凋零的常春藤叶。这让琼西重识了对生命的渴望，渐渐的她的病也有所好转。然而那位老艺术家却因此付出了生命的代价。

很显然，这位老画家撒了一个谎，但是，他精心勾画的一片常春藤叶，使一颗绝望的心从深渊的谷底走了出来。难道你能指责那位画家不讲诚信吗？

我们生活中每个人都说过谎言、写过谎言，即使是著名的四大名著也不无例外。没有谎言的世界如同没有灰尘的地球。谎言不可以被不分青红皂白地定义为歪曲事实真相的贬义词。

曾经有人说："说谎是人的一种本能，至于是否诚信，关键在于哪种谎言。"谎言的另一面是善良，是美丽，是希望，是更和谐的社会，是更有滋味的生活……

坚持梦想，坚持奔跑

董　豪

　　光阴似箭，日月如梭，转眼间我已步入六年级，自己已不是当初那个毛头小子了。这一年时间，犹如塑造师，不断地改变着我们，有的变得深沉，有的变得开放，有的变得自信。但这只是外在的表现，那内心呢？我不知道别人，但我坚信自己一定没有变，依然心怀着梦想，依然奔跑着。

　　刚进入六年级的我是那样的年少轻狂，认为自己肯定是一名优秀的学生，不需要太多的努力，就这样迷迷糊糊的，迎来了我这学期的一次月考。那次考试连班级前十名我都没有进，年级排名更是百名之后，我很伤心，我很难过，我很迷茫。在爸爸妈妈的安慰和班主任老师的教导下，我认识到了轻狂、浮躁是不可能成功的。

　　经历了那一次失败的月考之后，我以一颗谦虚的心投入到学习之中，开始一场奔跑，一场只属于自己的奔跑。转眼间，第二次月考已经来临，我平稳地对待考试，就这样，我站了起来，成为一名真正的尖子生。

如今，我变得更加自信。那是一种对自己实力的自信。我坚信"天生我才必有用"；我坚信"长风破浪会有时，直挂云帆济沧海"；我坚信"不经历风雨，怎能见彩虹"。现在的我坚持奔跑，将来的我会继续坚持奔跑，因为我心中有梦想。我知道，前进的道路不可能一帆风顺，无论将来经历多少艰难曲折，我都会用我的双脚去跑出一条成功的道路。

我坚持梦想，坚持奔跑，坚信能够拥有属于自己的一片蓝天。

平凡中的发现

《《《

织 梦 的 人

许琪昊

在一次语文课上老师给我们讲了周恩来的一个故事，这个故事大概是这样的：

周恩来年少时喜欢上历史课。有一天，班上的历史老师在上课时沉默了好长时间，这让周恩来意识到这节课非比寻常。环视教室一周后，历史老师以十分低沉的声音说："同学们，常言说'天下兴亡匹夫有责'。我今天要说的是——不要做书呆子！同学们，国家的事和我们大家息息相关。如果国家灭亡了，我们还能学习吗？"

"不能！"周恩来和同学们一起说。

历史老师又说："我们的国家在清王朝统治者的统治下，已经变得水深火热了。"

听完历史老师的话，周恩来大声地说："我一定要为中华之崛起而读书。"后来周恩来发奋读书，努力奋斗，成为中国人民心中伟大的领袖。

说完故事，老师问大家："你们的理想是什么呢？"

同学们七嘴八舌地讨论起来，有的说要当警察抓坏人，有的说要做个有钱人，还有的说自己要开火车……我听着他们的理想，想着我的理想。从小到大，我有过很多美丽的幻想。想变成超人，维护世界和平；想拥有一个任意门，去任何我想去的地方；想学会七十二变……可是，这些梦是多么不切实际啊！我喜欢看书，我想变成像郑渊洁那样的大作家；我喜欢弹钢琴，我也想变成像郎朗那样的钢琴家；我喜欢踢足球，想变成梅西那样的足球先生……这些梦，在我的脑海里变成了一根根线，织成一片梦的网。这张网让我差点迷失了自己。直到有一天我生病了。

这天早上，我的肚子疼得厉害。妈妈带我去医院检查，医生说我是因为吃错了东西导致肠胃不适。医生给我吃了药，并且给我打了一天的点滴。很快，我的肚子就不疼了。在医院里，我看见了很多带着病痛前来问诊的人，在医生的帮助下，他们的疼痛减轻了。看着那些医院的叔叔阿姨在我眼前不停地走动，我想他们就是为减轻别人的痛苦而拼命奔跑的人，他们能让身体有痛苦的人摆脱痛苦。这个世界上痛苦的人很多，有的是因为生活压力大，有的则是因为病魔。如果我是一名医生该有多好啊，这样我就能通过我的工作帮助那些需要帮助的人。

所以，当轮到我说理想的时候，我大声地说："我想当一名医生，救死扶伤。"这句话我不仅是说给老师听的，更是说给自己听的。我希望我的心能不再迷茫，能抓住这条理想的线一直走到生命的终点，做一个对自己和他人都有价值的人，做一个为别人编织美梦的人。

我们班的"阿Q"

潘　明

　　说起阿Q，大家应该不陌生，他是鲁迅小说中的人物，是一位死要面子活受罪的小人物，而我们班也有一个"阿Q"呢！

　　他个头不高，一个大大的脑袋上所有五官都很小：小鼻子小嘴，小耳朵小眼，他在班级最丰富的表情包就是皱着若有若无的细眉。

　　在班级每个人都有兴趣爱好，唯有他是最独特的，他喜欢——招惹女生！你要知道，我们班的女生可不是好惹的，比男生还"狠毒"，个个身怀绝技，杀伤力极强。可我们班的阿Q每次被女生暴打之后仿佛还很享受，丝毫没有损坏他的金刚不坏之身，于是他成了我们班最大的笑点。

　　记得上一次，一节科学课结束以后，几个女生在一起聊天，他慢慢地从后面跟上来，在女生的后脑勺做着扇巴掌的动作，还做出很得意的样子，被同学们看见了狂笑不止。阿Q见情况不妙，正想逃跑，却被一位凶悍的高个子女生逮个正着。这时阿Q就像老鼠见了猫，装作一副可怜兮兮的样子，苦苦地求饶："您大人有大量，放了我吧！"这时另外的一个女生来了一个佛山无影脚，踹在了他瘦小的左屁股上，厉声喝道："下一次就没这么好了。"阿Q连忙跑了，大家都以为这件事情结束了，谁料那阿Q边跑边喊："臭胡萝卜丝！今天算我大人有大量，饶你不死，下次我不会放过你的！"

这时，女生们更加疯狂了，她们像一群倾巢的马蜂嗡嗡地朝着阿Q的背影紧追不舍。只见阿Q边跑边喊："臭胡萝卜丝！"那些平时文雅的女生，也不顾自己的风范，拼命地追着阿Q。

阿Q身材很瘦弱，跑步自然就不快，没过多久就被追上了，之后画面惨不忍睹，阿Q被打趴在地上，嘴里还念着："臭胡萝卜丝！臭胡萝卜丝！臭胡萝卜丝！"旁边的同学捧腹大笑，地下无一个不弯腰屈背，只有那几个女生不笑，只管骂着阿Q。老师来了，女生只好狠狠地说道："下次再来理会！"他还在那傻呵呵地咧着小嘴，露出一排细碎的牙齿。

这就是我们班的阿Q！不知道下一次他又能带来什么样的笑话。

长　大

席雯玥

转眼间，我已经十岁了，是一名三年级的小学生了。看着家里拍的小婴儿的照片，非常可爱，那时的小婴儿和现在上三年级的我简直不是同一个人啊！

妈妈的电脑里收藏了许多我小时候的视频和照片。有一天，妈妈在洗衣服，我无意中在妈妈的电脑里翻到一个视频。我点开它，看完以后我情不自禁地哈哈大笑起来，因为我看到的是我小的时候还不会走路，坐在地上抱着一个奶瓶在那儿一个劲地喝奶呢！现在看起来真滑稽。不知不觉的，已经到了我会走路的时候了，妈妈告诉我，以前我刚会走路的时候像一只小鸭子走路，摇摇晃晃，时不时还摔一跤呢！痛得我哇哇大哭，我就赖着不走了，要妈妈抱着走。

弹指间，已经到了要上幼儿园的年龄了。刚开始，

平凡中的发现

我很期待走进幼儿园的校门，我认为，里面一定有许多和我一样的小朋友，还有许多玩具。第一天上学，我高高兴兴的背着书包去了幼儿园，当妈妈把我送到班级正准备离开的时候，我紧紧地抱住妈妈哇哇大哭起来，想要和妈妈一起回家，不上学了。可是妈妈把我推向老师，转身就走了。那一天是我特别难熬的一天，和一大群陌生的小朋友在一起，我根本无心和他们说话，只想着什么时候能放学见到妈妈。那时的我才感觉到我是多么的离不开妈妈啊！渐渐地，我习惯了幼儿园的生活，在那里我也交到了许多朋友。感觉幼儿园还没上够，就已经跨进小学的校园了，我恍然间觉得自己真的长大了。每天要按时起床，按时到校，每天放学得按时完成作业，不能再像幼儿园那样自由散漫了。也不能随心所欲的看电视了。不过长大了也好，有些事情可以自己做主了，妈妈给我买衣服、鞋子，我可以挑自己喜欢的颜色了。

我长大了，我在父母的呵护下从一个不懂事的娃娃，成为一个乖巧、懂事、爱学习的孩子。

小 金 鱼

刘子航

　　我家里有两条可爱的小金鱼，一大一小，大的那条叫"小贪吃"，小一点儿的叫"小调皮"。它们身穿金色的铠甲，头上顶着一个"小红帽"，再加上一个灵活的尾巴，嘻嘻！你就知道这是两条多么可爱，多么漂亮的金鱼啦！

　　这些金鱼吃食的时候更可爱，食物才刚倒进水里，"小调皮"就冲了上来，还没张口，"小贪吃"就用嘴巴把"小调皮"顶开了，"小调皮"只好眼睁睁地看着食物一点一点地消失。但是"小调皮"很机灵，趁"小贪吃"不在意的时候就偷偷摸摸上前吃几口，也吃得津津有味！

　　它们俩和我亲着呢！每次我来观赏它们的时候，它们喜欢和我开玩笑。有一次，我走过去时，它们两个漂浮在水面上，一动也不动，我只好把它们从鱼缸里拎了出来，

平凡中的发现

当我把它们拎出来的时候，又在我手上活蹦乱跳。哈！原来它们在吓唬我啊！我把它们放回鱼缸里，它们冲我摇摇尾巴，吐了个泡泡就玩去了。噢！对了，它们还会耍酷呢，我们在看电视时，它们就会跳一个"水上芭蕾"，让我们把目光从电视上移到它们身上，太有趣啦！

我爱我的小金鱼，因为它们可爱、调皮。你会说不可爱吗？

扬起理想的风帆

燕子的故事

沈心彤

　　一天，我和周婷游玩归来时，突然感觉脚边好像有一个软乎乎的小东西，低头一看，原来是一只小燕子，而且是一只羽毛未长满的雏燕，它还这么小，怎么会在这里？我俩慢慢蹲下来，轻轻地抬起手，缓缓地向小燕子靠过去，十分小心地捧起小燕子，好像在捧一件稀世珍宝。我在想着它的家在哪儿呢？四下望去，没有看见燕窝，这该怎么办？我毫不犹豫地将燕子带回家，还找来一个牛奶箱给燕雏当窝，生怕燕雏睡着不舒服，我又为它找来一块小毛巾，让小燕子舒舒服服睡觉。渐渐地，燕雏长齐了羽毛，会飞了！每当我看到燕雏满屋子扑腾了，觉得燕雏现在也胆子大起来，时而还飞到我的身边，奋力往我身上爬，逗得我乐呵呵的。

　　时间就这样日复一日过去，我只是每天放学去看它一眼，这只是一个习惯。今天只是比往常冷一些，风大了一些，马上要过冬了。放学时我依然像往常一样，边走边想着燕子那憨态可掬的样子，但是当走近燕子窝时发现小燕子不见了，我心想：这个调皮的小家伙到哪去了？我去它经常去的地方找，可一无所获。于是，我轻声呼喊着，往常小家伙听到声音早出来了，今天是怎么了？我已经眼圈红红的了，呆呆望着窗外，任风吹进来，吹拂我的脸颊，吹散我的头发。

这时，周婷来了，她仔细地端详着燕子窝，突然眼睛一亮，缓缓转过身，看着我，嘴动了动，欲言又止，我有些不耐烦："你说呀！"周婷让我凑近些，伏在我的肩上，贴在耳边低语："前天，隔壁巷子里的王二狗说，他找到了一只小燕雏，扬言要养大点儿再吃，我想……"我的脑袋里一声巨响，想要哭却又哭不出来。

我没有怨谁，我只怨我自己，是自己没照顾好燕子，是自己反应太迟钝，都怨我啊！

我感到鼻子一酸，两行热泪滑过我的脸颊。

扬起理想的风帆

张易非

　　打开《理想点亮人生》，如同推开理想的大门，进入了一个充满理想的世界。书中的主人公，不论是永载史册的仁人志士、享誉世界的专家学者，还是时代的先锋模范、同龄的小学生，都用他们的故事告诉我们：每个人的生命都是一只小船，而理想就是小船的风帆，只有扬起理想的风帆，才能在生命的海洋中乘风破浪！

　　每个人都需要理想，理想让生活生机勃勃、充满活力。当代英模杰出代表张海迪，五岁的时候患上脊髓病，生活不能自理。遭受死神威胁的她，却在书中获得人生的理想：既然我是颗流星，就要把光留给人间，把一切奉献给人民。这个理想就像一个火种，点燃了张海迪人生的火把，她用理想唱出了一首生命的赞歌！"万婴之母"林巧稚、"国旗男孩"何宇轩，都燃烧着理想之火，闪耀着生命的光华。理想是火，点燃人生的灯盏！

　　人生是一次旅行，难免要经隧道穿山洞。因为有了理想，我们的旅行才有明晰的方向，才不会停滞不前。当很多科学家在炸药爆炸的火光面前退却，安全炸药的前途一片黑暗时，"科学疯子"诺贝尔却用"研制安全炸药，为人类造福"的理想化解失去亲人的悲痛，以不怕死的坚持精神发明了"达纳炸药"，为炸药打开安全的天窗！史学大家司马迁、轮椅作家史铁生也正是用他们的理想照亮了苦难的人生旅程。理想是灯，照亮前行的道路！

　　有位哲人说过："世界上一切的成功、一切的财富都始于一个意志，始于我们心中的梦想。"理想是路，通往成功的彼岸！但这条通向成功的路，绝不会是一条平坦笔直的大道。这条路上常常荆棘密布，险滩暗藏，会吓倒那些懦夫懒汉。可小个子大作为的邓亚萍、埋头苦干的华罗庚、越挫越勇的焦耳，却以他们坚如磐石的决心、水滴石穿的精神、踏实肯干的作风，让理想之路熠熠生辉！

　　亲爱的同学们，让我们从小树立崇高的理想，让理想之灯照亮我们前进的道路！让我们高扬理想的风帆，尽情书写人生的辉煌诗篇！

扬起理想的风帆

青 春 之 歌

肖越超

"恰同学少年，风华正茂，书生意气，挥斥方遒！"

年少的我们正处于生命中最有活力的年华。曾经熟悉的童真已成为最宝贵的回忆。我们已经迎来了我们人生中最美丽的春天……

步入青春的我们，像春天一样充满着朝气与活力，像夏天一样热情奔放，像秋天一样多愁善感，像冬天一样冷静，沉着。

我们对于青春，总有自己独到的见解和想法。

青春是一座金字塔，代表着进取。只有锐意进取，青春才能焕发出巨大的能量。

青春是两颗连在一起的心，是友谊。青春的友谊是无私的，纯洁的。

青春是一弯新月，是缺憾。青春总是不完美的，正因为那一点点的不完美，就多了一份不同的感受，多了一种完美的希冀。

青春是一把竖琴，是快乐。青春没有理由不快乐。

青春是书架，是智慧，没有智慧的青春是一朵不结果的花。

青春是一个人，是独立，代表着我们自立自强，拥有独立的人格、自主的能力。

青春赐予我活力、阳光，让我无悔地度过这短暂的时光。在这灿烂的一生中添下完美的一笔。

感谢青春，热爱青春，珍惜青春。没有什么能拘束青春的我们!

感谢青春，有了美好的青春，对我们的人生而负责。感谢每一位帮助过我们的人，他们在我们困难时伸出援助之手。真情在我无悔的青春里……

热爱青春，用心去感受青春的美好，让青春无悔。青春是心灵的变化，是心灵的接触;是心灵的感受。要知道，我们有活力、健康和无私的青春!

珍惜青春，青春固然美好，却短暂，也许也只有遗憾来诠释、阐述这一段美丽的时光。为了让我们的青春无悔、发光，用心去珍惜时光! 在这平凡而短暂的青春时光中，创造出一个无憾的青春、不一样的自己!

鲲鹏初展翅

肖文悦

跳远联赛赛场上，全场观众的目光都聚集在鲜红跑道上蓄势待发的李林身上，他沉着而坚定地盯着前方的沙地，紧握双拳，深深地吸了一口气。

随着一声哨响，他便像出膛的子弹般飞离起点，"咻"的一声射向沙地，只能看见一个模模糊糊的蓝色身影在跑道上疾驰而过，风在他的耳边呼啸狂吼。

8米……5米……3米……离沙地越来走近了，李林不断地加速，尘土被激到半空中，驾着疾风跟在他身后，好一件豪气的金色战袍。

2米……1米……越来越近了……只剩半米了！观众屏息敛声，只见他身体前倾，右脚后蹬发力，瞬间凌空前驰。两腿前伸减小阻力，双臂舒展如鲲鹏展翅，在空中滑过一道完美的弧线，又急急掠过地面。最后，在一片寂静中，轻轻落进沙地，又前驰数米，留下一道笔直的痕迹，所有动作都疾如闪电又从容不迫。原本沉默的黄沙此时都跳起来迎接这位自天而来的"沙场霸王"。

"7.5米！破纪录了！"裁判首先从惊讶中反应过来，大声宣布李林的成绩，突破了原纪录整整1米！

整个运动场瞬间沸腾了，所有观众的神经都被激活，响起一片震耳欲聩的欢呼声，尖叫声，喝彩声……

这位初次代表我校参赛的十四岁小将李林夺得金牌。

一位外校参赛运动员拍着手叫道："太精彩了！"

有你相伴，真好

吴文斌

与诗词相伴，为人生添彩。

——题记

人生几何，与诗词相伴，甚好。中华文化世代传承，留下了众多瑰丽的诗词。

当我们还是幼稚的孩童，牙牙学语时，我们便学会吟"小时不识月，呼作白玉盘"；渐渐地我们长大了，这时，我们又会诵到"天行健，君子以自强不息"；当我们步入暮年，我们又会感慨"但愿人长久，千里共婵娟"。

诗词不仅会从我们幼年陪伴至成年，还会使我们对生活，对理想的认识更明确。

诗词会激励我们，会为我们提供前进的动力，"黑发不知勤学早，白首方悔读书迟"；诗词会启示我们，为我们指明方向，"山重水复疑无路，柳暗花明又一村"；诗词会提醒我们，感悟我们去关怀他人，"落红不是无情物，化作春泥更护花"。

诗词还能表达自身情感，传递情感。

"桃花潭水深千尺，不及汪伦送我情。"友谊深深，怅然离别，融于诗中，牵动我心；"独在异乡为异客，每逢佳节倍思亲"，亲情洋溢，倍感思乡，诗意盎然，耐人寻味；"只解沙场为国死，何须马革裹尸还"，家国忧患，匹夫有责，振奋人心，激情昂然。

一句句经典，充实着我们的生活，净化着我们的心灵，如果我们怀有一颗热爱诗词的不泯初心，才会在人生的道路上走得更远，更高。

诗词就是生活的盐，调剂着我们的生活，生活因为它而更美好，更靓丽。诗词就像欢喜的精灵，无时无刻不在我们身边跳动。

诗词是华夏儿女的骄傲，是华夏儿女的象征。我们应当守护，珍惜，应当发扬，传播，不忘初心，不忘诗词，使其流芳百世，永伴中华，永伴你我。

诗也，词也，永伴吾，甚好。

感恩父母，感恩老师

朱晚霞

"少年易老学难成，一寸光阴不可轻。"时间一去不复返，在珍惜青春的同时，也要学会感恩。感恩父母养育我们，给我们关爱；感恩老师传授我们知识；感恩长辈给予我们做人的道理。

不管从语文书，还是课外书，都有许多父母及长辈给我们的关爱。这种关爱有时明显，有时又在不知情的情况下，如：《走一步，再走一步》中父亲让"我"只做好一小步，然后靠自己的努力下来，给了"我"启示，这是爱；《诫子书》中诸葛亮让儿子珍惜时间，立志学习，这是爱；《美丽如初》的短文中母亲将自己的爱包容在等待中，每天等"我"和弟弟放学，这也是爱；《密码中的真情》一文父母将家中存折密码设为女儿的生日，表现了对女儿的关爱，这更是爱。生活中，处处都是父母对我们的爱，而我们呢？我们为父母做了些什么？

是否记得父母的生日，在生日那天送张贺卡，说句谢谢；是否为父母捶过背，倒过茶；是否注意过父母的样子；父母头上的白发在怒吼中一天天增多，你可曾发现了呢？他们为谁？为自己么？不！他们为自己整天惹祸的儿女！为他们倔强不听话的儿女！也许和父母吵架你晚上睡不着，你可曾想过父母也曾心痛一夜！他们痛心自己的儿女长不大，痛心自己的儿女不懂事。可是，他们还是会满足你任何要求。你会说自己是父母亲生的，他们当然得满足你的要求咯！不，你错了，你的父母是生了你，养了你，可并不代表他们欠你的，要做你一生的仆人。

青春固然重要，在这短暂的青春中也许有很多事要做，要学习，要与人交往等等。但是你知道吗？随着青春的流逝，父母的年纪越来越大，身体也越来越弱了，直到有一天，父母不得不离开我们，那个时候做一时的孝子又有何用，你什么也挽回不了了。到那个时候你才明白，父母的重要。与其等到那个时候来悔恨自己浪费了与父母交流、孝顺父母的机会，不如从现在开始，从生活中的一点一滴开始，孝顺父母，感恩父母。你说你不能赚钱养父母，给父母荣华富贵，不需这样想，因为感恩父母不仅仅只局限在荣华富贵上。有时你的成长，你的懂事，或为父母做一些小事，父母也会感到欣慰，感到自豪；甚至会带来一种神奇的力量。

　　我看过一个故事，一个大学生，母亲为他补衣服，可线怎么也穿不进针眼里，直到儿子透过电脑屏幕停下来的那一刻，针穿进去了。这不就是一种力量么？感恩和青春一样，错过了就永远不会再重来了，所以我们更要把握当下，感恩父母，哪怕在生日时捶背，唱歌说声我爱你，都会使父母开心。当然，不仅仅在生日时，平时也一样，多帮父母做事，陪他们聊天。

　　父母是荷叶，我们是红莲。心中的雨点儿来了，除了你们谁是我们在无遮拦天空下的荫蔽？

　　"谁言寸草心，报得三春晖。"希望大家珍惜时光，从现在起感恩父母，感恩老师。

心 怀 感 恩

高欣平

　　青春，到底意味着什么？对于我来说，一直很困惑，但这也是一个不可回避的成长阶段，它也许能开启人生中最美的一扇门。青春这扇门打开后，你会发现一个崭新的世界，只不过，门打开的时间太短，如果你不珍惜的话，等门闭上了，留给你的便只有遗憾了。

　　人生匆匆，青春易逝，虽然如此，但我们正青春，我们更应该感恩青春，珍惜青春，把握青春，让短暂的青春在我们的人生中绽放出夺目的光彩！

　　我们正值青春，拥有太多自己的梦想，青春使我们倔强而又坚强。对于一些事，我们有自己的看法，也许那些看法是错误的，是可笑的，但一时的错误无法代表什么，因为我们还年轻，我们还有纠正错误的机会。只要能认识到自己一时的错误，校正好青春，青春依然是我们美好的时光，会给我们留下美好的回忆。

　　我们正值青春，也许会因为繁重的学业而感到苦恼；也许会因为一时冲动而犯下的错误而后悔；也许会因为处理一些生活和情感上的问题而感到烦恼……也许还有很多很多，但是那又怎么样呢？随着时光的流逝，过不了几天，苦恼、后悔、烦恼也就烟消云散了。我们不是不在乎，而是因为我们是坚强而倔强的，就是用来尝试人生中的第一次，我们这么年轻，有些过错与烦恼只是少不更事而已，在遭受到挫折后，青春会给出机会，失败了重新再来，我们感恩青春！

　　青春，是少年最充满梦想的一段日子，充满美好希望的季节，也是我们播种梦想和希望的时候。我们应珍惜这段时光，充实过好每一天，认真完成每一件事，多做有意义的事，不让青春留下遗憾……

　　青春，真的很宝贵。在这段日子里，我们一定填写了一份完美的青春答卷，交上满意的答卷，青春之门关闭时，心中没有任何缺憾。这样，在今后的岁月里不会后悔，不会遗憾，不会懊恼，只会感恩与青春同行！

有你相伴，真好！

夏培成

　　在我苦闷的时候，是你为我带来欢悦；在我愤怒而无法自已的时候，是你让我平复心情；在我因无人理解而委屈的时候，是你无声地安慰着我；在我喜悦激动的时候，是你在一旁静静地倾听。我若如野草，你便似沃土，滋润着我；我若如河岸，你便似清泉，洗涤着我；我若如枯藤，你便似阳光，孕育着我。在成长的道路上，你是我最耐心的老师；是我最知心的朋友；是我最认可的目标。我不得不感慨：书，有你相伴，真好！

　　常言"书中自有黄金屋，书中自有千斤粟，书中自有美娇娘。"你便如一个没有尽头的宝库，等待我去不断挖掘。我从你身上获得了知识；学会了为人处世的方法；领悟了富含哲理的名言警句；提高了成绩。你如一盏明灯，照亮了我前行的道路；你若一叶扁舟，载我航行于知识的海洋；你似一个罗盘，在人生的岔道口引领我走向正确的方向。我愿追随着你的步伐，沉稳而快速地一路向前。

在你身上，我认识了"人生在世不称意，明朝散发弄扁舟"的李白；知晓了"羽扇纶巾，谈笑间，樯橹灰飞烟灭"的赤壁之战；领略了"乱花渐欲迷人眼，浅草才能没马蹄"的早春之景；想起了"儿童急走追黄蝶，飞入菜花无处寻"的快乐童年……不仅如此，我还感受了梁山好汉快意恩仇，忠义两全的豪情；体会了运筹帷幄，决胜千里之外的三国；我为贾宝玉和林黛玉的爱情而悲哀；为唐僧师徒一行人的坚持不懈而震撼。

你教会了我"人无信不立"；告诫了我"富贵不能淫，贫贱不能移"；鼓励我"世上无难事，只怕有心人"；又警醒我"学如逆水行舟，不进则退"……

书，有你相伴，真好！

精彩的运动会

潘　林

精彩，属于今天！

当上午的太阳穿过薄薄的云层，我们湾沚一小的赛场上已经热闹非凡了！今天我们在这里举行一年一次的全校运动会。

你听，我们班的啦啦队正张着大嗓门儿拼命地为参加三年级百米比赛的选手呐喊助威："加油！方复琳！加油，方复琳！"只见方复琳挥动手臂，双腿不停地迈动着，像一阵风在我眼前"嗖"地掠过去了。好消息传来，方复琳同学荣获第一名的好成绩，我们班的全体同学高呼"耶"，班主任王老师也露出了难得一见的笑容。

聚焦主席台，那场面更是忙得不亦乐乎！赛场小记者手里都拿着刚刚采访的稿纸，飞快地直奔主席台，广播员更是忙得不可开交，读完一篇又一篇。送来的稿子在他

扬起理想的风帆

前面的桌上已经堆成了小山。我注意到桌子上还有一张单子，单子上用"正"字来统计每个班级的送稿数，现在"正"字已经布满了整张纸。

精彩还在继续！请看4×100米的接力赛。

首先是男子接力赛，第四棒是我们班的张权同学，他是一个瘦而高的人。他一接过接力棒便像一支离弦的箭，直冲终点。我在主席台上忍不住对着大喇叭兴奋地为他狂呼："张权！加油！张权！加油！"

最后压轴的是教师接力赛。老师们往跑道一站，我就感觉到一股剑拔弩张的味道！这次每个年级组都有种子选手参赛。我们年级选派的是体育老师朱光锐。今天他有备而来，身着运动服，脚穿钉子鞋，精神抖擞，一看就像冠军！我们班的学生都拼命地为朱老师呐喊。果然不出所料，朱老师一接过棒，他就冲啊，跑啊，两只脚像急速的鼓点，像夏日的骤雨……不负众望，果然他第一个冲向终点的！我们都疯狂得围绕在他身边，好像我们得了冠军似的。

精彩的一天真是难以尽述！唯有文字让它永恒……

我的风筝飞上了天

叶雯娟

很久以前，我家门口修了一个休闲广场，人们就多了一个好去处。

那天幼儿园放学后，我经过了这个好广场。看到许多人在放风筝。从没放过风筝的我不禁驻足观看，只见那一只只绘着美丽图案的风筝在天空中争奇斗艳。我心里痒痒的，于是决定也试一试。

在卖风筝的商人的热情指导和帮助下，我的风筝终于飞了起来。起先，我没敢把风筝放得太高，只是让它低低地飞着。因为小小的风筝与我之间只有一条细如蛛丝的线连着，我害怕风筝会飞走，因此，我只能紧紧地握着线轴。风筝在低空中飞着，我渐渐放下心来，开始慢慢地放线。随着风筝一点一点地升高，一点一点地离我远去，我的心再次悬了起来。可风筝依然乖巧地配合着我，只见我的风筝好像很得意似的，一会儿翻筋斗，一会儿打旋，一会儿向前冲，连我都难以置信。看着如此听话的风筝，我的心底产生了一个想法，希望线能断掉，让风筝自由地飞去。

此时，线已经放到尽头，我感到有很大的力作用在线轴上。突然，线断了，风筝猛地向高处飞去，我松了一口气，目送它远去。可不知为什么，风筝竟不如我所愿，开始在空中翻滚起来，左右晃悠，直线下降，很快便落在一棵树上。

我原以为摆脱了束缚的风筝会自由地飞翔，可它还没有学会飞的时候，只能被束缚着。在这个过程中，它可以试着渐渐高飞，但绝对不可以随心所欲，因为它还没有真正学会飞翔。

放风筝使我懂得了父母的良苦用心，他们对我的管束是为了我将来能飞得更稳，更高。希望在不久的将来，我能在蔚蓝的天空中"自由自在地飞翔"。

青春，我们

陈美萍

> 青春多么美丽。发光发热，充满了色彩与梦
> 幻，青春是书的第一章，是永无终结的故事。
>
> ——朗费罗

还没来得及解下童年的行装，我们就被时间推向了青春的驿站。什么是青春？面对"青春"这个字眼，我沉思良久。青春不只是年轻人的专利，一种年轻的象征。青春不在于关节的灵活，充沛的精神，前卫的思想；而是在于一颗不老的心，饱满的情绪。这些可以给生命带来宛若甘泉的清凉。

青春的感觉，敲开了我们的心门，在我们未察觉之时，占据了我们的心房，再也挥之不去。

年少的我们多梦，因为梦想而美好，青春的我们，一

扬起理想的风帆

个梦的幻灭，一个梦的升起。这些美好的梦伴我们走过成长路上的烂漫与纯真。青春的美梦，一日又一日，一年又一年，在失望中走过，在希望中走过。

青春的我们充满活力而又潇洒。因为我们的活力，青春才是靓丽多姿的。我们体味着生活给我们带来的欢乐。在朋友那里哭过，笑过。青春的我们在欢笑中笑得无拘无束，灿烂而明媚。青春的我们在哀愁难过中，寻找自有的失落感，放飞自己的思绪，也学会了沉默和忧伤，也体会到落寞和伤感。我们在喜怒哀乐中成长，在思考与回忆中，感受青春带给我们的种种感受。

青春中的我们，学会了坚强。在失败中的我们，学会了从哪里跌倒就从哪里爬起。在失落难过中学会立志而不失志。在困难面前勇敢面对而不怕挫折和失败。内心痛苦过，挣扎过又何妨，未倒下就好了，坚持下来就好了，饱经风霜而不褪色就好了。受挫后的精神会更加坚强，受挫后的经历告诉我们要更加呵护那美好的向往，令它不会破碎。

青春，就是这样一首诗，它那美妙的诗韵留在我们心田。我们付出了青春的奋斗，赋予了我们才华，在青春中播下的种子，青春使它成长为沃野千里，青春情怀千种万种，而青春，有待我们慢慢品味。

做一个幸福的天使

王馨宇

朋友,不知你是否感叹,我们是多么幸福的一代人。父母的关爱,老师的教诲,同学的友谊,如阳光沐浴着我们,似雨露滋润着我们,让我们无忧无虑,茁壮而幸福地成长。

但是,亲爱的朋友,你可否想过,幸福从哪里来?幸福不会从天而降,幸福需要我们每个人去亲手创造。你可否想过,怎样的人才算幸福?我要说,做有价值的事,做有价值的人才最幸福。"富强、民主、文明、和谐、自由、平等、公正、法治,爱国、敬业、诚信、友善"这二十四个大字,铿锵有力,掷地有声,为我们树立了正确的价值观。但是,我们不能光喊口号,而要有所作为,从我做起,从身边做起,从小事做起,这样才能做一个有价值的人,做一个幸福的人。

有些人是平凡的，但他们却用无私的爱点亮了他人的生命之灯，让幸福之光洒向每一个角落。这是我身边一个真实而感人的事迹，她是芜湖县的一名道德模范，也是一位平凡的基层干部。平时话语虽不多，但她却默默坚持无偿献血十余载。她的血型为RH阴性，这是一种被称为"熊猫血"的稀有血型。别人问她时，她没什么豪言壮语，但说的话字字激荡人心："我在难产时大出血，险些因为缺血而丢掉了性命，我最能体会到缺血病人的那种无助和绝望了，既然献血无损身体健康，还可以拯救生命，又何必吝啬自己的血液呢？"献一次血容易，难的是坚持不断地献了十几年。在我心中，她就是英雄！英雄不一定要惊天动地，也可以在平凡中伟大，她用自己的无私与爱心浇灌着一朵朵绚丽的生命之花。

文明不是遥不可及，作为少年儿童，我们不必做出轰轰烈烈的大事，可以从小事做起，如遵守秩序，以礼待人，尊重师长；可以是一声"你好"，一个微笑，一次点赞；可以是生活中的点点滴滴。这些幸福的种子，将来一定会生根发芽，发枝散叶，开出一朵朵幸福花，结出累累的幸福果。

亲爱的朋友，让我们一起做传播幸福的天使吧！

《理想点亮人生》读后感

王振涛

翻开《理想点亮人生》这本书，一个个鲜活的例子展现在我眼前，我能深切地感受到中华民族中那悠久而厚重的历史精神。而最让我印象深刻的是《仰望星空，脚踏实地》单元中的童第周爷爷的故事。

童第周爷爷小时候家境贫寒，但是在哥哥们的帮助下，他还是上了学，因为基础不好，成绩很不理想。不过，他还是有一个奋斗的目标——考入当时省内名望极高的宁波效实中学。虽然哥哥们都觉得这是不可思议的想法，但是在他的努力下，竟然真的考入了这所他梦寐以求的学校，不过当时的入学成绩是倒数第一。这时，他又有了新的目标：绝对不做成绩最差的那个学生。

就这样，他朝着一个又一个目标，凭着执着的信念，失败，奋斗，再失败，再奋斗，最终，他实现了自己的人生目标。

我不由得想到我自己，作业喜欢拖拉，每天都要做到很迟，睡眠不足，又导致上课不能专心听课，如此恶性循环，我的成绩下降了很多。爸爸妈妈头疼、恼火，虽然我开始也很着急，可是总是改不掉这个坏毛病，慢慢地我也就习惯了。"绝对不做那个最差的学生。"对！我也要向童第周爷爷一样，不能做班级最差的学生！首先就要改掉作业拖拉的坏习惯，说干就干，我马上就把爸爸妈妈叫来商量，让他们对我进行严格地督促，坚决按制定的要求执行，决不含糊。

第一天晚上，到了规定的时间，可依然还是有很多作业等着我去完成，不过妈妈马上把我的作业全部收了，并关了台灯。我还是像往常一样讨价还价，这时妈妈把我们制订的计划摆到我的面前，我只好作罢。但是为了到学校能交差，我早上早早地悄悄起床，把作业补做完，妈妈告诉我，这样也不行，早起补作业依然是犯规。这几天为了按要求完成作业，我也是拼了，不过感觉还是好难。每当我快放弃时，童第周爷爷的那句话又在我的耳旁响起："绝对不做班级最差的那个！"我就咬咬牙把注意力转移到做作业上来。虽然我还没有达到妈妈要求的那样，但是这几天的进步还是很大的，相信只要我坚持，一定会改掉这些坏毛病！

坚持是生命的风帆，信念是成功的基石，理想则是点亮人生的明灯！

我有一双梦的翅膀

周忆楠

我常常思考这样的问题。青春是如书中朗朗上口的"人生中重要的历程"，还是在豆蔻年华的我们任性的年纪。我并不太清楚，但是这似乎并不是我该考虑的问题。因为或许当我将青春稀里糊涂地度过时，我忽然就明白了；又或许当我迈入成年时，回望一下前面走过的路，我便彻彻底底地明白了。

当我还没将青春弄明白时，我的大脑又抛出了一个难题给我——我是否要感恩青春。在我个人看来，这确实是一个大难点，不过现在的我似乎已经懂了。

我的观念从来都是：青春输不起。所以我事事能躲则躲，因为我不想输，尤其是不想在众人的眼光下。如果真要面对，那我便会想尽一切办法去争取胜利，毕竟我觉得输不是好事。但是人生也不是一路顺到底的，虽然我在小学输的次数很多，但到了青春期，我似乎十分渴望胜利，而且是极度渴望，无论做什么事都想成为一个胜利者。我不愿意去谈成绩，因为毕竟那不是我能决定的，但是我会十分在意我能做好的事情。失败了，我会很沮丧；成功了，我会窃喜一阵。

比如说，我有一次语文考试，满分90分，我只拿了55分，记得及格线是54分，我当时很不高兴，原因有两点：第一，成绩太差，无颜见爹娘；第二，我创下了历史新低。我思前想后，思考考试前为什么没有心理准备，想着如何为回家后铺好后路，到底要以什么样的方式去"哄骗"父母，还有第二天即将要面对的老师。我心有不甘，但有什么办法，于是我给自己定下一个小目标——下次务必达到80分以上。于是，我为下次考试努力奋斗，终于，我迎来了自己心灵上的春天，肉体上还停留在冬天，一个大大的83分"驻"在了我的试卷上。虽然这只是比上次进步了一点儿，但我是比起上次是胜利了，尽管这在班集体中不如意，但这种胜利的滋味让我的心头美滋滋的。也许是该在责任上增添面对世界变化的脚步，接受现实的残酷，曾经试图逃脱，那是无知的行为。

现在的我明白了，青春是自由的，青春是双翅膀，任你飞翔。在青春中的每一片落叶，每一粒灰尘，每一句话语，都会宣告你的成长。正因为有了青春，我才懂得了失败也是一种开始，它可促进胜利的来临。还好，青春的意思不就是输得起吗？所以，去珍惜现在的青春吧，时光正在从你的指尖溜走，快！去抓住属于你的青春！

让梦的翅膀带你去翱翔！

扬起理想的风帆

难忘的六年级

汪 琪

今天的夜，是黑色的夜。

一缕轻柔的月光透过玻璃倾泻在桌面上，桌面宛若镀了层银。我讶然，抬头看向窗外：星月交辉，一轮明月高悬在天空，数不胜数的星星镶嵌在深蓝色的夜空，整个世界仿佛沉浸在银色的海洋中，显得那么神秘，那么安静。在这时，我的目光不经意间瞥向了那静静躺在书架上的同学录。翻开，看到暖心的话语，尘封的记忆如洪水般冲开了闸门。

还记得六年级的时候，做眼保健操，我是带操人。趁着眼保健操节与节之间的空档，我喝了一口水，还没咽，我前面的人——我的同桌兼死党范红叶突然边做鬼脸边唱道："东北那秧歌呦，大婶真美丽……"那语调好怪异。我一个没忍住，然后……然后就笑喷了，"对不起啊，对不起……"我一边笑一边帮她擦，而她呢，这时候还不忘搞笑：扁着一张小嘴，还有规律地在上下抖动，那目光幽怨的哟！全班就看着我们。"哼，喷我一脸口水！"不行了，不行了，我笑到内伤了！这不能怪我，我笑点低啊。幸好老师上厕所去了。

"汪琪？汪琪？汪琪！"我全身震了一下，我看向门口，原来是老妈。"你干吗这样看着我，想到了什么，一个人在那儿笑成啥样了都。""没什么，你走吧，我睡了。"我合上了同学录，放至枕边，钻进被子里睡觉，月光映照着我，温暖着我的心。妈妈关了门，走了。六年级的同学们，你们现在过得可好？有没有想我，梦见我？我想你们了，我想我们在六年级时一起快乐玩耍的日子，一起互帮互助的日子，一起开玩笑的日子……

星辰在私语，而我在思念。

敲响心中的爱

正刚启起

　　法国一个偏僻的小镇，据传有个特别灵验的水泉，常会出现神迹，可以医治各种疾病。有一天，一个拄着拐杖，少了一条腿的退伍军人一跛一跛地走过镇上的马路，旁边的镇民带着同情的口吻说："可怜的家伙，难道他要向上帝祈求再有一条腿吗？"这一句话被退伍军人听到了，他转过身对他们说："我不是要向上帝祈求一条新的腿，而是要祈求他帮助我，让我没有一条腿后，也知道如何度过日子。"可见，学习为所失去的感恩也接纳失去的事实，不管人生的得与失，总要让自己的生命充满靓丽与光彩，不在为过去掉泪，努力活出自己生命的精彩。

　　刚升入六年级时，我的脾气变得暴躁起来，我常常因为一点小事对母亲发火，母亲也是一个要强的人，在以前母亲说一，我不敢说二。但现在不同了，我开始唱反调，学会与母亲顶嘴了。记得有一次我发现我的桌子上有许多东西不见了，我不管三七二十一便对母亲吼："谁让你碰我东西了！不是说过我的房间我自己来收拾，你看，东西我都找不到了。"母亲也不甘示弱地说："你看你房间成什么样了，和狗窝有什么区别！""我乐意！这是我的房间，我自己会整理，你不要再多管闲事了！"我大声反驳……我现在仍然记得我说的最后那句话，母亲听了，神色明显黯淡下来，转身去了厨房。那句话一出，我便感到愧疚，我没资格对母亲说那句话，但是，说出去的话就是泼出去的水，是收不回来的。我不知不觉地来到厨房门口，看见母亲正在切菜，母亲低着头，我看不见她的面部表情，但是，母亲她那孤独的背影让我明白，母亲肯定很伤心，我自己都很惊讶那句话是怎么从我口中说出来的。我默默地走过去，来到母亲身边轻轻地说："妈妈，对不起，我不应该冲你发火的，我知道妈妈是为我好，我更不应该那样说你，妈妈，你能原谅我吗？"说着说着，眼泪便像断了线的珍珠一滴一滴地落在地上。母亲摸摸我的头，笑着说："没关系，我知道启起处于叛逆期，可以改的啊！以后说话记得经过大脑思考再说出口哦，否则，下次有你好看的。"我的脸上还有泪痕，但却绽放出了一个笑容："哦，对了，妈妈，我来帮你捏捏肩吧！前几天，你总是抱怨肩膀酸。"母亲说："那你可要捏好点儿哦。""嗯嗯！我的服务态度可是一流的哦！"我笑着

扬起理想的风帆

说。

当母亲感到口渴时，我为她倒上一杯水；当父亲劳累了一天，我为他捶捶肩，这都是在感恩他们。想想看，他们为我们付出了多少心血，为我们的生活学习操碎了心，总是把最好的留给我们。

我们不仅要感恩父母，还要去感恩朋友、社会、生活与大自然，没有这一切，你能成为现在的你吗？

我们更应该有一颗感恩的心。感恩是一种充满爱意的行动，感恩生活中一切让我们体验到的美好，我相信，每个有爱心的人都应该是个懂得感恩的人。

我们应当铭记"滴水之恩应当涌泉相报"。懂得感恩的人，终会幸福。

心 怀 感 恩

汪启航

　　今天，我们回望过去：从我们第一次来到这个陌生的世界，见到熟悉且陌生的面孔；到我们第一次戴上红领巾向众人宣誓；我们初次为成功而喜悦，为失败而哭……这一切历历在目，不禁让我们感慨人生之路的漫长与坎坷。这真是"人生天地之间，若白驹之过隙，忽然而已。"啊！现在如若细细回想起来，追溯我生命之源头，正是他们给了我生命。不论我们经历了什么，他们总是在心里默默牵挂着我们，他们便是我亲爱的父母。

　　我仍记得我小时候父母是如何抱我的。有一回，我正寻找他们时却无法看见他们，不禁让我焦虑了起来，当时我只想着：爸爸妈妈不见了，他们不能陪我玩了，也不能哄我睡觉了，更不能跟我讲故事了……我正四处寻觅时，忽然听见背后一声亲切的呼唤，唤的正是我的名字。我一回头，见到的是两张慈爱的脸庞。我先前的焦虑一下子抛在脑后了，大概已到九霄云外去了……我不禁欣喜了起来，像鸭子似的摇摇摆摆地向他们迎了过去。我一下子扑到他们的怀里去，他们则轻轻地将我抱起，我当时只是快乐地笑着。直到以后——不妨说现在的我吧，我才知道原来世界上最温暖的地方是父母的怀抱，那曾是我最想去的温馨的避风港。这当然是对的——父母的双手是亲情与爱构成的，孩子睡在里头怎能不香甜？但时光逐渐逝去，我早已不能享受这种温暖了。之前我所享受的温暖在现在看来，真的是"去日苦多"了。

父母第一次带我去玩也是很有趣。在那之前，我不过是四四方方的屋子里的一个"井底之蛙"罢了。我兴奋惊奇地望着眼前的这一切。花鸟虫鸣，我哪里知道这些东西？只是用手碰这个、那个罢了，反正我也道不出它们的名字。我迫不及待地加快我的步伐，却没有注意脚下，一下子跌倒在地，我倒是觉得摔地不怎么疼——有这么多新奇的玩意，我怎么会在意疼痛呢？我那时走路都不太熟练，更别提重新爬起来了，只好像海龟一般慢条斯理地向前爬，那模样才叫滑稽哩。"哎哟，燥死盖！"我的父母用他们的方言向我喊道。我听见了母亲的脚步声，那是她的高根鞋底与地面摩擦的"嘟嘟"声。扶我爬起来后，我正瞅见叶子上一条大毛毛虫，硕大、肥胖的身体，黑色的毛，一拱一拱的，叫人反胃。我却掉了一地的鸡皮疙瘩，吓得大叫。父亲一把将我抱起来。不知他从哪儿弄来的一只小狗，可我家里向来是不养狗的。我也怕狗，我想逃走，那狗反不朝我吼，却跟我玩了起来。我也索性跟它玩起来了，母亲却嫌狗脏，又怕它弄伤我，就把狗抱走了。

我逐渐长大了，但我却不太聪慧，反应也慢极了。我又想挣脱父母的束缚。我记得严重的一次，他们跟我打嘴仗，我一不做二不休，索性离家出走……我又受不住外面的寒冷，事后我回来时，他们正等着我呢。

如今，父亲的头上已添了几根白发，母亲也添了几道皱纹，我情不自禁地"怜悯"他们。尽管我做过不肖子孙，但他们总能忘却我的不好，仍然像以前一样，深爱着我。我幼小时，父母教我说话！我年少时，父母育为人……待到我成人时，又有谁肯为他们送上一杯沁人心脾的热茶，且牵着他们的手，陪伴他们呢？我只求用我的一切回报他们。

感恩伴随青春

陶 璋

"投我以木瓜，报之以琼琚，匪报也，永以为好也。"知恩图报，是中华民族一个重要的美德，如果没有了这个品德，那么中华民族的历史文明可能会缺少浓墨重彩的一笔。

其实，不光中国有关于感恩图报的事迹，其他各国也都以各种文体记录过关于感恩与报答的事。如伊索寓言中那只被鸽子救了的蚂蚁，它反过来又救了差点被猎人射杀的鸽子；又如那只被狮子所救的老鼠，它最后不也救了困在网里的狮子吗？

不知大家是否做过一次特殊的作业：为父母洗一次脚。记得当时十岁的我，只是将水倒好，脱去母亲的鞋袜，将她的脚放进水中轻轻地揉搓，怎么她就哭了呢？这几件再平常不过的事组合在一起，怎么就使母亲的眼圈红了呢？她是被感动了吗？那在我尚不懂事的孩提时代，母亲为我洗衣、做饭，还给我洗脚、洗澡，我有没有感动得昏厥过去呢？

答案自然是没有，因为我们对父母的照顾已经习以为常。而仅是因为作业的要求，我们才偶尔感恩、回报父母，即便如此，父母还是会因为这偶尔的温情热泪盈眶。古时曾有句名言："滴水之恩当涌泉相报"。现在呢？涌泉之恩却只以滴水相报。

也许有同学会说："等我们长大了，有钱了，再谈感恩、回报。"但这种观点是错误的。还有的同学可能会说："父母是亲人，不用感恩，朋友和其他人才要感恩。"这种观点也是错误的。

如果你给父母倒杯水、扫扫地，这也能称为感恩，并不是只有响彻天地的事才能称之为感恩，诸如此类的小事也能叫作感恩。只要持之以恒地滴水相报，总有一天会成为涌泉。一句感谢、一声问候就能使朋友感动，这亦能称为感恩。

雪中送炭总比锦上添花好。

来吧！少年，让感恩这一美德填满青春吧！

感恩，与青春同行

周　畅

感恩，是什么？是滴水之恩当涌泉相报；是一日为师，终身为父；是投之以桃，报之以李……羊尚有跪乳之恩，鸦尚有反哺之义，身为人的我们难道不应该懂得感恩吗？

早晨起床时，呼吸着新鲜的空气，沐浴着温暖的阳光，我们应该感恩，感恩这个世界如此美好；树下乘凉时，焦躁烦闷的心情逐渐退去，取而代之的是清爽和愉悦，我们应该懂得感恩，感恩大树能让我们遮阳避暑；在学校时，听着老师讲课，学习到很多的知识，我们应该感恩，感恩学校给了我们学习的机会和良好的学习环境……

在人生的道路上，我们最应该感恩的是我们的父母。从妈妈生下我们的那一刻起，我们就应该感恩，感恩父母让我们来到这个世界。在我们一两岁时，爸爸妈妈一点一点地教我们说话、走路，他们不厌其烦，常常一遍遍地重复一个字，一个词，一个句子，希望我们可以记住，也许当你含糊不清地说出一声"爸爸，妈妈"时，他们可以高兴上好几天。渐渐地，过了几年，该上幼儿园了，他们会问东问西，询问别人哪个幼儿园好一点儿，希望你从小就可以养成良好的习惯。到了小学，当你学习成绩优异，名列前茅时，爸爸妈妈会比你还骄傲，在对别人谈论起你时，脸上总浮现出自豪的神情；当你成绩下降时，爸爸妈妈会比你还焦急，生怕你从此会一蹶不振；在你努力学习，埋头苦干时，为你默默地送上一杯热水；在你晚上睡觉时，悄悄地为你盖好被子；当你买东西时，绝不手软，自己买东西时，却要纠结半天。爸爸妈妈为我们付出了如此之多，常常说我们学习辛苦，爸爸妈妈又何尝不苦，每天上班挣钱，下班回来还要照顾我们的生活起居，十几年来，日复一日，年复一年，不辞辛劳，付出了多少心血。难道我们不应该感恩父母吗？

老师是我们人生道路上的领路人。当你走上正确的道路时，老师会鼓励你，让你更加自信，更有勇气继续走下去；当你走上歧途，迷失方向时，老师会指出你的错误，并帮助你改正，让你走上正确的道路。某一次上课时，我抬起头，不经意间发现老师的头上已有许多白发，不禁想起暮色中亮起灯光的办公室里老师批改作业的身影，那一刻，我忽然觉得老师是这样的高大，心里涌起了一股暖暖的感觉，我知道，这是对老师的感恩之情。

花儿心存对根的感恩，化作春泥更护花；种子心存对大地的感恩，萌芽成长；鸟儿心存对天空的感恩，展翅飞翔。让我们心存感恩，与青春携手同行。

感恩在我心中

陶　菁

　　"感恩"这个词对我们来说并不陌生：老师教育我们要学会感恩，父母期盼我们懂得感恩。课本上、社交平台上，处处呼吁我们要懂得感恩。大道理大家都言之凿凿，可是现实生活中又真正有几人能做到呢？

　　尤其是正处于青春期的我们，叛逆而自以为是，动不动对辛劳了一天的父母呵出一句："烦死了！""给我闭嘴！""够了！""你懂什么！"我们就是用这样一个个不耐烦的感叹号来回应父母的关心。

　　那时的我们像吃了炮弹一样，谁对我们说句话，就噼里啪啦地冲他开炮，每个字都充满了火药味儿。我们只觉得一股无名火"噌噌"往上冒，却不知我们无心的话语会在别人的心上留下多么深的创伤，那是永远无法弥补的。

　　我曾在书上看到过这样一则故事：有个鞋匠心地善

良，救了许多小动物，后来他遇到困难时，他救下的动物们纷纷来帮助他，最后他过上了幸福的生活。动物尚且知道感恩，更何况人呢？想想我们自己，非但不感恩，还故意捣乱，惹关爱我们的人生气。指东我们偏往西，让我们做我们偏不做，心理学上这叫作"逆反心理"。

前两周，不知为了什么小事，妈妈说了我两句，我却不甘示弱地顶了回去，气得一向温和的妈妈对我动了手。我觉得很委屈，哭湿了几个枕头，这才冷静下来："我的确有错，妈妈不过说了几句提醒我，我竟那样顶撞妈妈，真不该！"明明已经认识到错误，我却还扭扭捏捏的，不肯打破僵局。

直到感恩节，我才下定决心抓住机会，就对妈妈说："妈妈，对不起！"接着，又是给妈妈捶背，又是为妈妈端茶倒水。妈妈终是原谅我了，和蔼可亲地说："孩子，妈妈一切都是为了你好，妈妈不求你怎样感激我，回报我，但我希望你能学会感恩！"

是啊！学会感恩，让它常驻我的心中！

有您陪的日子

胡　可

　　人的一生就如同一棵柠檬树，天使随手抓了一把种子，向人间撒去，我便落入了这个家中。十个月后，我破土而出，羞涩的绽放了第一片叶子。

　　"开始的开始，我们都是孩子，最后的最后，渴望变成天使，歌谣的歌谣藏着童话的影子，孩子的孩子，该要飞往哪去？"又是这曲音乐，使我陷入了悲伤之中，因为这是我在爷爷去世那天，朋友在不知情的情况下给我推荐的歌。

　　九岁那年，我萌发出了嫩芽。但我的体质非常差，几乎天天都要去医院里打点滴，父母在外地工作，奶奶腿不好，走路不方便，所以背我去医院的重任就交给爷爷了。每天一放学，他便背起我朝医院大步迈去，打完点滴后再背我回家，似乎我的生命中只对爷爷奶奶有一丝概念。

　　十一岁那年，我已经长出了树干和树枝。我仍然和爷爷奶奶住在一起，爷爷奶奶天天浇灌和培养我，可偏偏就在这时，爷爷的生命开始了倒计时，所剩的日子就如同我小时候生病打点滴时头顶上那点滴瓶里的液体一般，正一点一点流逝干净，最后只剩下一具空洞的肉体，而灵魂早已升起，俯视着整个大地。

　　十二岁这年，我枯萎的叶子重新长了出来。虽然爷爷无法品尝到我的果实，但我依然要为自己活下去，为奶奶活下去，为父母活下去，并永远记住这些浇灌和培育我的人，有朝一日，投以回报！

　　合上日记的我早已泪流满面，抹干泪水的我又打开了那首歌，并关上房门，任黄昏追逐黎明，任朝阳夺去明月的光环，任泪水再次打湿我的面颊，任音乐在我的房间里回荡，久久不愿让它散去……

我爱我的祖国

袁　涵

"我们的祖国是花园，花园里花朵真鲜艳……"每当听到这首歌，我都会想起我们美丽的祖国，我爱我美丽的祖国。

也许有同学会问：什么是爱国？在我看来，爱国，就是为自己的国家做出贡献，所谓的贡献，就是做一些对祖国有益的事情。周恩来总理从小志向远大，12岁就立下"为中华之崛起而读书"的誓言。我在查阅的资料的时候，看到过周总理的一则小故事，美国代表团访华时，曾有一名官员当着周总理的面说："中国人很喜欢低着头走路，而我们美国人却总是抬着头走路。"此语一出，话惊四座。周总理不慌不忙，脸带微笑地说："这并不奇怪。因为中国人喜欢走上坡路，而你们美国人喜欢走下坡路。"周总理机智地回答，维护了中国人的尊严，这正是爱国的表现。张海迪，一位胸部以下全部无知觉的女士，她的身体虽然残疾了，但她却发奋学习，写过《轮椅上的梦》等书籍，还翻译了许多日文、法文等书籍……她的事迹激励了无数青年，这也是爱国的表现。

作为小学生的我们应该怎样爱国呢？从长远看，我们可以像周恩来一样发奋读书，好好学习，长大成为对祖国有用的人；从近处说，捡起地上的一片垃圾，扔进垃圾桶；提醒别人在公共场合不要随地吐痰，不要大声喧哗，多一份安静；不闯红灯，过马路走斑马线，给祖国一份文明的表现；还有节约用电，节约用水，不随意践踏花草等等。这些身边的小事都是我们可以做到的，这也是我们爱国的表现，希望通过我们的努力，让祖国变得更加美丽。

作为21世纪的小学生和少先队员，我们是祖国的花朵，更是祖国的未来！祖国就像妈妈一样爱护我们，我们也要做到孝敬父母，尊敬老师，感恩祖国，时刻不忘自己是中国人，为自己是中国人而自豪！

红色少年心向党

王　哲

　　理想是一艘航船，它承载着我们的憧憬与梦想，驶向幸福的彼岸；理想是一盏明灯，永远在我们心中点燃，照亮我们前行的方向。

　　毛泽东少年时就立志做老师心中的"参天大树"，救国救民，终于推翻了三座大山，建立了新中国；周恩来少年时就立下了"为中华之崛起而读书"的理想。这些杰出的少年，他们为了民族的复兴，中华的崛起，做出了不朽的功绩。

　　沧海桑田，神州巨变，在中国共产党的领导下，如今，南极上空飘扬着我们的五星红旗，神舟十号、北斗卫星带着刚强的气势升上了太空；一座座现代化的城市拔地而起，一个个商厦、工厂、高科技企业正遍地生花……香港回来了，澳门回来了，我们这个曾经饥寒交迫的民族，已经可以骄傲地告诉世界：一个伟大的党正带领地球上五分之一的人口实现小康，迈步奔向富裕。

放眼现在的芜湖县，城市繁荣，乡村秀美，宽阔的马路，整洁的街道，陶辛水韵，东湖公园，春季踏青、夏季观荷、秋季采摘、冬季养生，已经成为一种新的生活方式。徜徉在美丽的湾沚一小，处处洋溢着学习的气氛，处处充满着诗情画意，菁菁校园，我们倍感珍惜，我们倍感骄傲！

作为新时代的少年，我们是国家的希望、是民族的未来。今天，我们是株株幼苗，在学校这片沃土上茁壮成长，明天，我们便是根根栋梁，撑起祖国大厦，使它更加繁荣富强！让我们在中国梦的引领下，踏着党的足迹，好好学习，成为一名品学兼优的少先队员，向着更加美好灿烂的明天，奋勇前进！

我要为自己点个赞

董凯莲

刘备曾说过："勿以善小而不为，勿以恶小而为之。"我似懂非懂地想要一个答案，而妈妈总笑而不答，她让我在生活中慢慢体会。

寒假的一天，天格外冷，还下了大雪，我走出家门想观看雪景，却看到了一个任何人都想不到的情景：一个男孩儿正拽着一只小猫转圈。我想："这个男孩儿怎么这么残忍，我是一个少先队员，我不能不管这种事！"于是，我跑过去，先从男孩儿手里夺下小猫，放走了它。然后，我对男孩儿大声训斥："难道你不知道动物也有生命吗？难道你不知道动物也渴望自由吗？难道你不知道动物是人类的朋友吗？"

我还没说完，男孩儿就打断了我，并用脏兮兮的手狠狠地推了我一下，我差一点儿就摔倒了。接着，他大声对我吼："你是谁呀？我怎么对待它用你管吗？我告诉你，你给我少管闲事。"他边说边到处寻找小猫。

我非常生气，对他吼道："我是少先队员，我应该制止不良做法，你这种虐待小动物的做法是不对的。"

"这种做法不对吗？我觉得很好啊！"他冷笑着说，"你说话注意点，说谁虐待动物呢？"他说着，朝我打了一拳。啊！我的嘴巴好痛啊！嘴里有点咸咸的，流血了。我好气愤，想转身就走，但我突然想起那本《践行核心价值观，凝聚中华正能量》这本书，我必须让这个男孩儿明白"勿以善小而不为，勿以恶小而为之"这个优良传统。我心平气和地说："我并不想与你争吵，但也请你不要玷污了我国的优良文化传统。如果你要继续去虐待小动物的话，那就请过了道德正义这一关吧！"

他似乎有些犹豫，也许他也没那么狠心吧，正当我这样想时，他踢了我一脚。就在他还要踢我时，我的邻居出来看见了，喊了一声，"干吗呢？"男孩儿愣住了不说话，邻居问我："这是怎么了？"我把事情的来龙去脉说了一遍，邻居表扬了我，也批评了男孩儿。

今天，我要为自己点个赞！作为一名少先队员，我一定要从自己做起，不但要刻苦学习知识，还要带头发扬优良文化传统，坚信核心价值观，为凝聚中华正能量尽到自己的一份责任和义务。

绽放在蓝天的青春

我 的 理 想

丁奥琪

　　理想是生活的风帆，引领着我们远航；理想是照明的灯塔，为我们指引方向。每个人都有自己的理想，而我呢，只想做一名歌手。

　　之所以有这样的梦想，是因为我从小就喜欢唱歌。从我六岁开始，每当我在电视中看到歌手在属于自己的舞台上尽情歌唱，用优美而动听的歌声感染着在场的每一位观众时，我就立志要成为一名歌手。

　　在学习音乐的过程中，我都非常用心去练习。尽管有时面对失败；尽管有时面对挫折、磨难；尽管有时充满坎坷，但我从来不曾畏惧过，从来都不会后悔。不会为了困难而完全彻底地放弃自己的理想，因为成为歌手的理想时刻提醒着我：成功的道路不会总是一帆风顺，前面的道路仍然充满着坎坷。我要努力地去学习，用信念去战胜一切!

困难时，我也想过要放弃，但只要一想到"即使跌倒一百次，也要一百次站起来"的人生格言，我就会努力付出，使自己成为最好。"只要功夫深，铁杵磨成针""千里之行，始于足下""世上无难事，只要肯攀登"，只要我有恒心和毅力。就一定能成为一名歌手。

我深知要实现自己的理想，就要付诸行动，就要有坚持不懈的精神，就要通过努力学习换来果实。所以，我在确定自己的理想的那天起，就一直在为之奋斗。我期待着自己成为歌手的那一刻，我会用我美妙动听的歌声打动观众；我会鼓励自己的学生，让他们以我为榜样，让他们向着自己的目标去奋斗。在遇到挫折的时候，告诉他们不要气馁；在遇到失败的时候，告诉他们不要放弃；在遇到困难的时候，告诉他们要努力奋斗，才能取得成功……

要实现自己的理想，就要付诸行动。实现理想的过程，就像一场艰辛的马拉松比赛。但我始终相信，只要坚持不懈地奋斗，义无反顾地攀登，脚踏实地地努力，我的理想就一定能实现。

世界，你好

张书涛

　　世界，有什么能让你开心到流泪呢？让我揣测一下你的心思吧。是雨滴吗？不，那是你的泪水；是阳光吗？嗯，那应是你的笑容。

　　你的笑容总是见得到。在教室里的书页上，在车水马龙的街道旁。你的笑容总是那么灿烂，像是四月初晴的天，八月绽放的芬芳。它能够照射到每一个角落，在墙角的缝隙，那努力生长的野草，总能得到它的沐浴、垂怜。它是那么慈祥，对待你的每一处，都小心翼翼和平等相视。但它能抚摸到那些坚不可摧的大厦吗？显然不能。那些大厦的窗户紧闭着有规律的排成一列，就像里面被禁锢着的人一样，只知有规律的生活与工作。那些窗户就好似一个个趾高气扬的士兵，挡住了你的笑容，也挡住了他们的笑容。经常在一座城市见到不同的场景：有些人和他的家人肆意地笑着，而有些人……我不是太懂那些人的"为子为家"，他的家人仅仅只是想与他们感受你的笑容而已，真的有那么难吗？世界，你可否给我答案。

你的笑容又总是见不到。在租住的阴暗地下室里，在富丽堂皇的高档酒店里。那些金子般耀眼的奢侈品，就真的是美而好的吗？这使人着迷的闪亮下，隐藏着残酷的真相。他们夺去了你的青春年华，你那碧绿的长发，你那充满慈爱的双眼。而现在，他们要夺走的，是你仅存的笑容！是自私的吗？是不可原谅的吗？我不知道，我唯一只晓得，你已经招架不住了……但又有那么一群青年，他们租着简陋的，常年见不到你的笑容的地下室，甚至令人们嘲讽的地下室，却只是为了守护你的笑容！我不明白，为什么你已经泪流满面的脸庞上，有这么鲜明的对比。世界，你可否给我答案！

世界，有什么能让你开心到流泪呢？让我揣测一下你的心思吧。是你的面容渐渐恢复，是你的笑容变得更加灿烂，是你，再次被我们捧在手中央。世界，你好，有你，真好。

阳光总在风雨后

陈　欣

　　人生不可能总是一帆风顺，总会经历挫折和磨难。但我相信，只要有足够的信心，生活的风雨，并不像洪水猛兽那般可怕。只有经历过，才能学会如何去面对；只有努力过，才能体会战胜挫折的喜悦；只有磨炼过，才知道自己是多么的坚强。我相信，阳光总在风雨后！

　　记得那是个星期二，上课铃一打响，数学老师就拿着一叠试卷走了进来，慎重地对我们说："这是最后一次复习考试，希望大家能够认真对待，取得好成绩！"听了老师的话，我自信满满，拿到试卷就胸有成竹地做了起来。

　　然而事情并非按照我设想的发展，随着时间一分一秒地过去，试卷的题目也越来越难，我的心情也越来越焦急。果然，那次我只考了70多分。试卷发下来后，看着试卷上血淋淋的数字，看着因为粗心大意而不该犯的低级错误，看着那么多明明会做却还是做错的题目，我的心里真是懊悔不已。

　　我难过地拿起试卷，无精打采地回到家，灰心丧气地低下头，准备接受暴风雨的来临。可令我感到惊讶的是，妈妈并没有像想象的那样责怪自己，而是用平常少有的温柔安慰我说："孩子，一次失败、挫折算不了什么，关键在于你是否吸取了这次失败的教训，是否对自己有信心。妈妈相信，只要你端正学习态度，努力弥补自己的不足，一定会再次获得好成绩！"

　　听了妈妈的话，我重拾信心，认真分析考试失败的原因，不放过任何一个不会做的题目，并且严格执行自己制定的复习计划。果然，皇天不负有心人，在下一次考试中，我取得了优异的成绩。

　　这件事让我明白了：挫折并不可怕，可怕的是放弃自己。阳光总在风雨后，不经历风雨，怎能见彩虹！只要努力，不放弃，你终会达到你的目标；只要努力，你就会看到绚烂的彩虹！

绽放在蓝天的青春

感恩让我们不迷茫

泆语涵

> 慢慢越来越了解自己，想感谢每一件给过自己鼓励的事，想报答每一个给过自己帮助的人。
>
> ——题记

青春是什么？也许现在你会屏住呼吸去想。

是用花香和幻想充满我们的回忆，是用阳光和笑容填满我们的生活，是不断前进，抬头仰望空中的繁星。而青春仅仅是无忧无虑，放浪不羁吗？

一首耳熟能详的《感恩的心》我们从小唱到大，在这繁花似锦的青春年代，在我们抬头畅想未来的同时，不妨试着低下头，看看路边迎着风雨的野花，看看脚下的蚂蚁。试着脚踏实地，试着学会感恩。

在我眼里，感恩不仅仅是感恩父母，感恩长辈，更要感恩生活中的一点一滴。

　　嘈杂的车笛声充斥着城市的每个角落，第一次独自上学的他站在路边徘徊，车辆接连不断地穿过。"我该怎么办啊？"一只温暖的大手牵住他，"来，我送你过马路。"一身藏青色的警服，这是一名警察。安全度过马路，他稚嫩的脸上绽开了笑容，清脆的嗓音响起："谢谢叔叔！"

　　感恩，是一声亲切又真实的谢谢。

　　烈日当空，1500米比赛刚刚结束。他的腿如千斤重石一般难以挪动，大口大口喘着气，他的喉咙干得直冒烟，眼前的一切渐渐朦胧下来，这时突然有一股力量把他拉了起来，用力睁开眼，他的同桌正背着他直奔医务室。"快喝口水！"甘甜的清水流进喉咙里，同桌边喘粗气边笑着说："嘿，记得吗？上次我腿摔伤了，你也是这么背我去的医务室，这次换我背你了！"他一言不发，泪水不觉湿了眼眶。

　　感恩，是一瓶半温的水。

　　试卷发了下来，鲜红的笔迹大大地写着"57分"。惊讶、焦虑和伤心回荡在她心中。想着老师失望的眼神，父母愤怒的责骂，泪水不禁涌出，"我该怎么办？"一只手轻轻搭在她的肩上，她急忙抹去眼旁的泪水，抬头看，是班长。"我知道你的伤心和难过，但你要控制情绪，光靠哭没有用！有些题你错的不应该，我给你讲解一下！"班长真诚的话语深深触碰了她的心。泪水再一次涌出，她紧紧抱住班长："有你这个朋友，真好！"

感恩，是一个来自心灵的拥抱。

这些看似平常的小事，也是感恩！

青春，在这个自由自在的年代，也不要忘了回报，忘了感恩！

感恩让年少的我们不再迷茫！

成长的小树

任璐璐

放学的时候，天已经黑了。我背着书包往家走，不知不觉，我已经站在我家的楼下，一股冷风吹来，我不由得瑟缩了一下，忽然听到树叶被风吹过的"沙沙"声，我感到不可置信，那棵小树什么时候长这么大了？记忆的匣子在一步步打开……

几年前，妈妈给我买了一棵小树苗作为生日礼物，我就把树苗栽在楼前的草地上。一年过去了，我长高了，小树也长高了，发出了嫩绿的叶子；两年、三年过去了，我又长高了一点儿，几乎没什么变化，小树也长高了，枝丫也伸展开来，长出了浓密的绿叶，都可以在树下乘凉了！

一天，妈妈告诉我，小树生病了，我连忙去看那个伴我成长的小伙伴：瘦弱的小树，树干上插着一个吊瓶，我感到一阵心酸。没过几天，我也生病了，等我病好了，小树早已看不出昔日的模样，枯黄的树叶，矮小的身子，但依旧挺立在那里。

记忆的匣子关闭了，我陷入了沉思：小树生病了，它却坚强地活了下来，即便是面对死神，它也毫不畏惧。小树尚能如此，我又为何不能？一次考试的失败只是生活中的小挫折，就如同小树的那次生病，我相信，只要坚强地面对，一切就会过去。

看着小树那变粗的树干，我想说："小树，你成长了，我也成长了，接下来就让我们一起坚强吧！"

突然，楼上的窗户被打开了，我奇怪地向上看，同时出现的是妈妈还年轻的脸和一声怒吼："你要站到什么时候？还不回来？"

我一溜烟钻回了家，我相信明天会更好！而夜晚的小树的树叶被风吹过发出的"沙沙"声也好像回应着什么！我暗暗地下决心：小树，我们一起努力，一起成长！

老　屋

鲁小雪

最后一眼，望望这老屋吧，将她定格在心中最美好的地方。

1983年，外公亲自动手建了这座老屋。到今天，已经整整住了三十四年了。没有人比外公、外婆两位老人更舍不得这座老屋。

破旧的门，早已生锈的锁，古雅的橱柜，斑斑驳驳的墙，无不显示着老屋经历过的漫长岁月。

墙上还有如今已经工作七八年的哥哥小时候写下的幼稚话语。桌上还有妈妈学习鲁迅先生刻下的"早"字。墙上还挂着蒙了一层灰，摇摇欲坠的1985年的日历。

回头看那小小的方桌，似乎还能拾到曾经一家人其乐融融在一起吃饭的痕迹。透过窗外，好像隐约能看见姐姐眉飞色舞地赶鸭子的声音。

　　而这一切，所有的欢声笑语都已渐渐远去，那些美好的童年回忆也渐渐淡了。

　　外公外婆的新房宽敞、明亮，不似老屋那样阴暗；新房舒适，不似老屋那样狭小。但两位老人遍布皱纹的脸上却没有开心，唯有不舍。

　　走出老屋，我伸出右手，眯了左眼，抬头看太阳，那么小，我似乎一伸手就能抓住，可是有时如同那些欢声笑语一般，遥不可及。

爱 在 心 田

俞 晨

> 感恩是对别人所给的帮助表示感激，是对他人帮助的回报。
>
> ——题记

阳光透过窗纱，撒在书桌上，我随意地翻动着厚厚的词典。猛然间，我看见了"感恩"这个词，不禁思绪万千……感恩是什么？

我在这十二年的人生旅途中该感恩谁？我要怎样感恩？我似乎从未思考过这样的问题，但感恩是必不可少的一课。于是，我走出门，静静地思索着。良久，都没有找到一个答案，我不由得焦虑起来。过马路时，一不小心，我撞到了一位阿姨。我连忙道歉，却看见了她微笑的脸庞，她说："小朋友，没关系！走路时，可不要三心二意哦。""好的,谢谢阿姨!"在她的微笑与话语中我倍感温暖——假如今天,我碰的不是她,而是那川流不息的汽车"碰"上了我,那结果是何等悲惨!那位好心阿姨善意的提醒,将永远铭记在我的心中!

我回到家,跨进家门,一阵浓浓的饭菜香味迎面扑来。桌子上已摆上了姥爷烧好的饭菜,姥姥也为我热好了牛奶;等我作业做好了之后,爸爸在仔细地和我一起检查作业,此时的妈妈正带着小弟弟玩耍。整个家庭都被其乐融融的环境笼罩。霎时,我感受到了自己是多么的幸福!

然而,这一切幸福都来自于长辈们辛勤地劳动、用心地呵护,难道我不应该感恩他们吗?我恍然大悟,感恩不就是从身边的一点一滴做起吗?

感恩阳光,感谢光带给我们的温暖。

感恩大家,感谢人们为社会做出的贡献。

感恩社会,感谢社会为我们提供的帮助。

但是,感恩不仅仅是挂在嘴边的一个词,更是一个个虽小、但却足以温暖人心的行动。其实感恩很简单:一杯热水能感恩劳累一天的父母,一句问候能感恩朝夕相处的同学。

让我们从今天开始,学会感恩身边的一草一花,一点一滴。让爱永驻心田!

雪莱的诗

鲁 青

"我们降临世间，我们的内心深处存在着某种东西……这种与生俱来的倾向随着天性的发展而发展，在思维能力的本性中，我们影影绰绰地看到的仿佛是完整自我的一个缩影，它丧失了我们所蔑视、嫌厌的部分，而成为尽善尽美的人性的理想典范。"当我看到雪莱的这句名言时，似懂非懂，这种"理想典范"是什么呢？我只思考了半分钟，就抛开了这个问题——我并不是一个爱追根究底的人，我背着包走出了家门，阳光正好，温和又不失热烈。这种天气，极其适合独自一个人静静地读书，不是吗？

我跑进书店买了一本书，顺便买了一袋饼干，随手塞进包里。当我终于到了附近的公园，找到一条长椅就坐下了。

我沉浸于书中。不知道什么时候，身边坐下了一个男孩儿，我终于抬头，发现他时，男孩立刻露出洁白的牙齿，对我笑。我礼貌地回之一笑，就继续了书中之旅。

过了一会儿，猛然间，我的余光扫到这个看似友善的男孩，竟然如此无耻——毫不在意地抓起我的饼干就吃！

心中"噌"地腾起一团火焰，我努力告诉自己：要忽略那只可恶的手，一定要淡定。

我的眼睛依然盯着书页，右手却也伸入饼干袋拿了两块饼干，我感觉到那个男孩看了我一眼，但很快就移开了。

令我更加气愤的是，我每抓一块，他也跟着抓一块，我抓两块，他也会抓两块。男孩儿一点儿都不客气，连一声"谢谢"都不曾说过。我感到从未有过的愤怒，头一次在心中恼怒到极点，却什么也不能说，生生将自己憋成"内伤"——世上竟有这样无礼的人，难道他就没有一颗感恩的心吗？真是个忘恩负义的人。

只剩下最后一块饼干了，我不再装模作样地看书，而是抬头紧盯着男孩。男孩儿又是咧嘴一笑，无比腼腆的模样，他伸手将饼干一分为二递给我一半，自己吃了另一半。

我僵硬地抬手，拿来，吃完饼干心中万分感慨：天啊，世界上真有这么无耻的人！

我再也忍受不了这种无语的氛围，拎起包就跑。

到家了，我收拾包时，整个人都僵住了。这……是什么？一袋饼干！

我努力回想，啊！我没有把饼干放在长椅上，而是随手放进书包里了！

那么，那个无礼、无耻、忘恩负义、没有感恩之心的人……其实是我自己！

我突然就明白了，那句名言中"理想风范"是什么了，是感恩，"这种与生俱来的倾向"是怀着一颗一颗感恩的心。

这一天，也只有十二个时辰，二十四个小时，在旁人眼中似乎与其他日子没有丝毫不同，只有我自己才知道，这一天，我明白了什么，明白该怀揣着一颗怎样的心去面对我周边的人，去面对我的世界。当然包括我的青春。

我的青春，是如同那日的阳光一般温和而又不失热情的，我将会在这温和与热情中，一步一步学会"尽善尽美的人性"，学会如何去感恩。

报得三春晖

童明欣

在时光纵横的青春岁月里，学会感恩。

青春可以说是一场徒步旅行，路上布满了荆棘，充满了诱惑。然而这条成长的路上，必备的是——心存感恩。

感恩是什么呢？感恩它无处不在，是那么简单，那么舒心。感恩很简单，只要你愿意！我们与亲人、与朋友相处的时间并不是永远，我们要珍惜身边的每一个人，用青春，去感恩。

曾看过一本书，上面赫然写着这样的疑问："你为父母端过一百杯水吗？"很简单的一句话，它在问你生活中的一个小细节，却蕴含着一种无形的质问。一杯水也是水，一百杯水也是水。可或许一百这个数字代表的是一种坚持不是吗？父母对我们的爱就是一种坚持，一种无悔的坚持。

父母将我们由小养到大，为了我们付出了他们的一切，天下父母没有一个不爱孩子的。其实他们可以不必如此费心地管教我们，浪费他们的时间，又耗费他们的心力，但他们为我们所做的一切，仅仅是为了给我们更好的生活，让我们的未来有多种选择，而不是被选择。

　　所以我们才应该去感恩啊！很多学生都会这样认为：没有经济，拿什么感恩？他们错了，错得彻底。感恩，在生活中的每一个细节里都可以体现，父母就像小孩子，很容易得到满足，一张满分的试卷，一个拥抱，一次关心，哪怕只是一杯热水，他们都会露出欣慰的笑容。

　　并不是青春时期就无法感恩父母，感恩只是一种爱的表现，一种普通表达爱的形式。它不难，作为子女，感恩应常驻我们心间。

　　每一次心跳的瞬间，每一片飞舞的落叶，每一次朝阳的升起，无不向我们宣告——你在成长！行动起来！不要眼睁睁地看着父母一天天地老去，眼睛越来越模糊，青丝一根根变成白发，你却无动于衷！父母没有那么多时间来给你磨耗！他们已度过了生命三分之一的光阴！

　　我们说的第一句话，是父母教的；我们走的第一步路是父母教的；我们认识的第一个字也是父母教的……父母真的给予了我们太多太多了。

　　当我们遇到困难时，能倾注所有一切来帮助我们的人，是父母；当我们受到伤害，用温暖的手为我们抚平创

绽放在蓝天的青春

伤的人，是父母；当我们取得成功，能衷心为我们庆贺，与我们分享快乐的人，还是父母！

英国哲学家洛克曾说："感恩是精神上的一种宝藏。"是的，父母就像我们的保护神，我们要感激父母。古语云："羊有跪乳之恩，鸦有反哺之义。"动物既有感恩之心，我们又有什么理由不感谢父母呢？青春的路上，让我们用一颗感恩之心，一腔感恩之情，去报答父母为我们付出的，那么伟大而无私的爱！

"谁言寸草心，报得三春晖。"让我们行动起来，用感恩将青春填满色彩！

岁月匆匆，光阴如梭，感恩父母，享受青春。让爱洋溢在我们的生活，让感恩与青春同行！

我最敬佩的人

陶兴华

"滚滚长江东逝水，浪花淘尽英雄。是非成败转头空。青山依旧在，几度夕阳红。"在那样的烽火连天、群雄争霸的时代，一把利剑横空出世，定三国，安天下。有诗曰："何幸南阳有卧龙！"

问此何许人也？"庐中先生独幽雅，闲来亲自勤耕稼。"此人身长八尺，面如冠玉，头戴纶巾，身披鹤氅，飘然有神仙之气概。问作甚？"专待春雷惊梦回，一声长啸安天下"。

早在刘备三顾茅庐时，诸葛亮就有"三分天下"的预言；从火烧博望，到火烧新野，再到火烧赤壁，诸葛亮的星星之火点燃刘备的半壁江山；草船借箭，舌战群儒，七星祭风，七擒孟获等，诸葛亮在当时"苍天如圆盖，陆地似棋局"的乱世中，用自己独有的智谋，辅助刘备成了三大霸主之一。最令我动容的，却是马谡拒谏失街亭后将其斩首的那两行清泪，这是诸葛亮苍天可证的昭昭忠心啊！是夜，天惨地愁，月色无光，孔明奄然归天。时建兴十二年秋八月二十三日也，寿五十四岁。中原大地这五十四年，可谓前所未有，诸葛亮，也堪称"名可撼天地，功可没海深！"

正如鲁迅先生所言："刘备之德近乎伪，孔明之德近乎妖。"诸葛亮这一生，可谓与天，与人奋斗的一生，不必说这震天的名誉，也不必说这汗马功劳，单是他这昭昭忠心，有勇有谋，淡泊名利的精神，足以后世万代铭记。历史虽然是过去，但是那些英雄的人格光辉仍在现代大放异彩，是中外无人媲美的。

"白发渔樵江渚上，惯看秋月春风。一壶浊酒喜相逢。古今多少事，都付笑谈中。"每每读此，思绪总是会纷飞，是那厮杀拼搏的战场，是那幽雅清新的茅屋，更是那被人称赞的智慧啊！敬佩之情不言而喻，在我的胸膛里翻涌不息，飘向那久远的年代和战场……

梅　花

杨新蕾

"墙角数枝梅，凌寒独自开。"是啊！整整一个冬天，只有凛冽的寒风伴它生活。

早上，那虎啸般的寒风无法对它造成丝毫伤害，反而帮助它上演了一场华丽的舞蹈。中午阳光略微强烈，它舒展开那柔弱的四肢，向人们展示它的美丽与芬芳。下午，温暖稍纵即逝，取而代之的是更加刺骨的寒风与雷鸣般的呼啸，但它依然挺起傲雪的胸膛，面对寒风。夜晚，寒风刮得格外刺骨，它在风中迅速抖动，但没有哪一朵从枝头被抖落下来。为什么呢？因为它永不言败、自强不息、不畏严寒的精神，令寒风也不能动摇。也正因为梅花永不言败、自强不息、不畏严寒的精神才令人们欣赏与敬佩。

在生活中，面对困难要向梅花面对寒风一样永不言败，自强不息。只有在生活中永不言败，知难而进，才能为自己开阔一片新天地，像梅花一样"凌寒独自开"。

如今春日已到来，梅花树像禾权一般屹立在草地上，不知怎的，每每看到梅花树，总觉得悟出了什么……

那一天，我好遗憾

吴昕悦

成长过程中，总会有很多事让我们铭记于心，其中有快乐，有悲伤，更有遗憾……

而我今天要讲述的正是一件让我感到遗憾的事。

"嘿，班长！"前桌的小曼转过来问我，"马上要考试，你昨晚复习了吗？"

"啊？考什么？"我一脸茫然地看着她，心里实在想不起来要考什么科目。

她摸摸我的脑门说："你没发烧啊？历史啊！昨天老师来说过了呀！"

坏了，我心中不免咯噔一下，还真忘记要考历史这事，昨晚我也没有复习，怎么办？赶快拿出历史书，准备临时抱一抱佛脚。

这时历史老师却夹着试卷走了进来，说："同学们把书收起来，开始考试。"我只好百般无奈地把书收了起来，准备开始考试了。拿到试卷的我脑子一片空白，仿佛突然短路似的，根本不知道自己平时都背了些什么。

"放轻松，你OK的。"我在心里对自己说。

选择题做得还算一帆风顺，可到了填空题，就有一题把我给难住了，我在脑内搜索了好久，才半信半疑地填了一个答案上去……就这样认真地将试卷做完。随着下课铃响起，我心上那根紧绷的弦，也渐渐地松了下来。

过了几天的历史课上，老师要发试卷了公布成绩了，我的小心脏又开始紧张得不行，甚至都能清楚地听到自己的心跳，拿到试卷的那一刻我紧张地闭上眼睛，都不敢去看。深吸一口气后偷偷地瞟了一眼——88分。呼，我心里提起的石头终于放了下来，没想象的那么糟糕。不过我仔细地浏览了一下试卷，有好几个错题都是我曾经背过的，懊恼不已，真是不应该呀。

下课后，我去请教了一下那位考得最高分的同学，她说："那天晚上我可是复习了好久呢，你看，我黑眼圈还在呢！"

哎！历史丢分真是让人遗憾。不过通过这件事也算是给了我一个教训——成绩永远只留给有准备的人。以后无论做什么事，都要做好准备工作，不要空留遗憾。

我最佩服的人

程　睿

　　"壮志饥餐胡虏肉，笑谈渴饮匈奴血。待从头、收拾旧山河，朝天阙。"每当听到、看到这几句话的时候，脑海就会颤抖一下，逐渐浮现出一位伟人，他的名字就是岳飞。在他面前跪着两个人，哦，原来是秦桧夫妇呀。这两个人简直都不配跪在岳飞前，这样都有损岳飞的光荣形象。

　　岳飞小时候就立下大志，要为国家做贡献，曾在自己的背上刻下了"精忠报国"的字样，以示自己的决心。他二十岁时应征进入军队，奋勇杀敌，当他当上将军时，训练了一支岳家军，他们个个以一当百，在战场上奋勇厮杀，让金兵们闻风丧胆。

　　岳飞对自己的队伍十分严格，给他们立下了规矩，保持了"冻杀不拆屋，饿杀不打掳"的严明军纪。岳飞不仅对自己的军队十分严格，而且对自己也十分严格，只要是要求属下完成的，自己也一定完成，他做到了以身作则。

岳飞是南宋中兴四将之首脑，参加过大大小小的战斗，有一百多次。他的这一切，让一个小人怒火心中烧。秦桧是右宰相，虽然身居高位，处于一人之下、万人之上，可是，他却毫不关心国家，只关注个人利益，与金兵勾结。他害怕岳飞越过他的职位，便与他的同伙陷害岳飞，硬是把岳飞想都不可能想到的罪名压在岳飞头上。当岳飞正要收复大好河山的时候，秦桧就用十二道金牌把岳飞调回首都，接着，岳飞就被秦桧以莫须有的罪名打进了大牢。秦桧难以正面杀死岳飞，便买通了关押岳飞的人，让他杀死岳飞。可怜岳飞一生为国家付出了那么多，可是最后却被一个小人所害，我很奇怪，难道那时的皇帝没有看见岳飞的功绩吗？

虽然岳飞去世了，但是他的精神却万古长青，流传至今。

留守幸福

张逸涵

我问妈妈："什么是幸福？"她说："幸福——就是家中老人孩子身体健健康康。张逸涵，你的幸福又是什么呢？"我大声地回答："全家人每天都能生活在一起，这就是我最大的幸福。"

全家人每天都能生活在一起，对于别人而言是一个非常简单的愿望，在我看来却是一种奢望。为了生计，爸爸常年在外工作，一年只能回家几次，每次回家也只有几天短暂相聚的时间。因为爸爸不能每天陪伴我，我的童年留有遗憾。

我的童年虽有遗憾，但并不孤独，每天都充满了乐趣，是学校这个大家庭弥补我的遗憾。学校的留守儿童之家，每天都有老师组织留守学生进行打电话、视频联络、打球、下棋和阅读等活动。众多活动中，篮球是我的最爱。

　　身边的小伙伴们可以在爸爸的陪同下，一遍一遍地重复着打篮球的基本动作，令我羡慕不已，而我因为爸爸不在家，只能远远地观看。学校的朱老师看出了我的心思，他鼓励和我一样对篮球感兴趣的同学，去球场试试。老师们牺牲休息的时间，一遍又一遍、不厌其烦地从最简单的练习球感，运球和投篮开始教我们。寒冬酷暑从未间断，经过训练，我们这些对球一无所知的小"渣渣们"，也能像模像样地飞跃在篮球场。篮球运动不仅使我们的身体变得更加强壮，意志更加坚强，更让我们感受到来自大家庭的温暖。

　　所以，我要说我是留守儿童，但是，我是幸福的。我有一个在远方为一家人的生活而奔波的父亲；我有一个在家里督促我学习的母亲；我有一所为我们留守儿童营造温暖的学校——湾沚一小；我有那些可敬可爱的老师们。我的身心是健康的，我的未来是光明的，所以，我要感谢所有在我生命里给予帮助的人们。我唯有努力学习才能回报他们。

生命是一朵常开不败的花

后怡婷

生命宛若一朵含苞待放的花，在生命开花的过程中，会有许多挫折——风雨的击打，持久的干旱……这个世界，同时也有许多的花在开，只不过人类生命的花，有了绿叶的保护。

是生命构成了世界，不只我们人类的生命，还有除人类以外的其他生物。它们的生命是没有绿叶保护的，它们只有靠自己的能力和努力，在这个世界存活。

尊敬生命，保护生命！这句常挂在嘴边的话，又有多少人做到了？当一只威风凛凛的雄鹰被人们驯服在肩头，那雄鹰的样子，想飞却又不敢飞。他们说，我饲养了它，我给了它吃，给了它住，给了它所有，这难道不叫保护吗？不，他们错了，如果他们给了它自由，那么它一定活得比现在要好。饲养，只是用另一种方式，禁锢了它们的灵魂。它们的生命，由大自然来安排，而不是由人类而主宰。事实上，没有一个人可以束缚一个自由的灵魂。

我们可以思考，为什么人类死亡了，他们可以哭得那么凄惨；然而对待其他的生物，当它们死亡时，为什么在人类眼中，只是一个过程罢了？那些踩踏和被伤害的生命，到底算什么？其实他们没有换位思考，如果你是被伤害的生命，如果你是被踩踏的生命，如果你是他们眼中最不值一提的生命？你会怎么样？

每个人的生命，都应得到尊敬，不管是你们的、我们的、还是它们的，都不可以轻视，我们每一个人都应抱着一颗善良的心去对待世界上的所有，否则那将是我们最可笑的愚蠢。

未来，你好

周毅航

　　眨眼间，时光就带着我们走了好长好长一段路途，现在，过去，还有未来。

　　又是一个夏季，不知道未来美好还是寂寞，我不太明白。或许未来是残忍的，强迫着我要随着岁月的流逝而成长。正值人生美好岁月，一个冲动又狂躁的青春，只有在不经意间，幻想未来的生活。

　　某一天起，我们信誓旦旦，貌似都要有所作为，貌似都要让自己过得充实。可生活是把双刃剑，在给你美好的同时，又让你残忍又而清楚地认识到：在这个摆浮不定的社会，你会随波逐流，变成自己讨厌的样子。但我坚信，我的未来不会是那个样子，因为一群正值热血青春的少男少女，敢于奋斗于学业之中，又拼搏于梦想之中，无论生活是多大的一道坎，我们都过得去不是吗？ 就像海子的

綻放在蓝天的青春

《小站》中写到的那样："我们最终都要远行，最终都要跟稚嫩的自己告别。也许路途有点艰辛，有点孤独，但熬过了痛苦，我们才能成长。"

其实不是未来逼迫我们成长，只是我们要选择成长，选择怎么度过人生的一部分。道一声珍重，从此我便不再是那个一遇到委屈就躲起来哭的小男孩。

在这段坎坷的人生路上，哪怕被荆棘刺得遍体鳞伤，也依旧孤傲地奔跑着，向着骄阳默默祈祷"明天会更好"。现在的我，不期待所有的美好都如期将至，只希望全力奔跑，便能守得云开见月明。问一声"你好！未来！"从此我就只做我自己，不悲观不厌世，努力朝着梦想最初的方向奔跑，即使疼痛，也要笑得很漂亮。就像集体过十二岁生日时自己说的那样：不管未来是怎样，都要脚踏实地地过好现在，做着精彩的自己。

以上致和我一样奋斗的少年们。

心灵的窗口——眼睛

方雨荷

也许世界上有千万种百万种眼神，但我相信的不是故意伤害的眼神，不是讥讽别人的眼神，而是那个令人一睹心震、记忆犹新的眼神。

在我小学的生涯中，从我的平时表现来说，我还算是一个比较活泼、开朗的女孩，而这些变化全来源一位老师——吴老师，她是我四年级时的老师。那时我还是一个腼腆的小姑娘，见到老师不敢问好，上课时对于老师的提问不敢举手，这些一系列的事情像绳索缠绕在我的身上。吴老师就是帮我解开身上绳索的人，她会永远在我的记忆里。

上课的铃声打响了，吴老师走进教室，她戴着一副眼镜，扎着一个马尾辫儿，显得十分秀气、漂亮、精神饱满。我坐在一个角落，当我听到老师提一个非常简单的问题的时候，我非常想举手展现自己。我的手一伸一缩，老师注意到了我，我立刻害怕起来，把手缩回去。老师还是提问了别人，这令我非常失望。然而老师回过脸来用平静的眼神微笑地望着我，我立刻轻松了许多，好像是突然明白什么道理似的，但我仍然认不清方向。

又是新的一天，新的一天代表新的开始。吴老师又进入教室了，提了一个我完全理解的题目。我仍拿不定主意。突然老师叫到了我的名字，我紧张得说不出话来。这时，吴老师又用平静的眼神微笑地望着我，我说话了，回答了。吴老师连声叫好，并竖起大拇指。

从此我改变了，是吴老师改变了我。如果不是她，我现在会活泼吗？会善于发言吗？我想这一切的一切都是不可能的。每一位老师对每一个学生的教育与指导是发自内心的，也许吴老师做的只是个平静的眼神，但对我的影响是重中之重的。一个字，一幅图画，一个动作都可以帮助以及影响一个人，以至那个人对这个"指明灯"感激不尽！

啊！吴老师，我崇敬与感激的人，你的眼神令我至今难以忘怀，时时刻刻提醒着我——做一个活泼的孩子。

绽放在蓝天的青春

胡　婷

青春是什么？那是我们的生命在绽放途中一个最美的过程。青春就是我们手拉手一起奔跑，然后再华丽地跌倒，摔破了皮，等褪掉那层皮，让自己变得坚强。这个过程怎会不痛？但是没关系，我们不怕，站起来，继续跑。当我们奔跑时，难免会有场大雨，即使会感冒，也还想再淋一次。

风雨过后，我们便迎来我们的美好时节。后来才知道原来青春不是年华，而是一种心境。如果可以选择，我宁愿永远不懂那些从前不懂的事。青春，有时不知道如何去珍惜，不知道如何去把握！

如花如雨般的青春总是那么美好，虽然有时会迷雾重重，但我们始终会向着太阳奔跑。但时间不会等我们，总是一如既往地往前走，不会给青春多一点儿幻想，等你突然万般留恋这个世界时，才会知道，原来时光才是这个世界上无价的财富。趁着我们现在还年轻的心，一起奔跑吧，即使会跌倒，那也是一路华丽。

把握青春，因为它最美；珍惜青春，因为它最动人。青春只有一次，它不会再来。

天不会不蓝，现在，让我们手拉起手，乘着我们的青春与梦想的翅膀，朝着蓝天上那颗最耀眼的太阳飞去。

破 茧 成 蝶

王 宁

俗话说，"不经历风雨，如何才能见彩虹呢？"一个人，总有一个目标，也许，你这一辈子都在为它奔跑着。可是，奔跑的路途并不平坦，即使内心十分平静，也不能毫发无损地走过，还是会让你摔跤，让你痛哭流涕，让你知难而退，让你遍体鳞伤，这就是代价——挫折。

生活是五彩缤纷的，而这个"挫折"就是五彩生活中难看的灰色调，它使人失落，对生活、对自己丧失信心与勇气，它就像一座大山，横在你的面前。如果你不能勇敢和自信，那么你就像山脚的一只小蚂蚁；相反而言，你如果足够勇敢与自信，那么你就是巨人，你随时可以动一动小拇指，弹走这座"小小山"，然后大摇大摆地走过去，只留下几个深深的脚印。

挫折就是成长道路中的铺路石，而成长的过程就是破茧成蝶，挣扎着褪去那一层层的青涩，在阳光照耀下抖动着那对轻盈而美丽翅膀，欣赏着翅膀的纹路，不住地发出"啧啧"的赞叹声，你可知这是经历过多少次浴火才锻炼出来的！这是你一次又一次的坚持与不懈换来的，这是你哭过多次换来的，这更是你爬过几次站起来的勇气换来的！

在历史长河中，有多少伟大的历史人物浴火重生，破茧成蝶！每一个伟人背后都藏匿着无数的失败与挫折，也正是有了它们，才使我们看到了胜利的曙光。改革开放的总设计师邓小平同志，他的一生经历重重挫折，但他始终保持乐观的心态，在逆境中奋起，被国际社会称之为"打不倒的小个子"；著名发明家爱迪生，发明电灯的艰辛过程让人肃然起敬，他实验的过程共失败了几千次，但他并没有从此一蹶不振。

放眼望去，再拿今天的成功者来说。周杰伦，多么熟悉的名字！这个人的名字被千千万万个人深深刻在脑海之中。他早年只是个音乐助理，但他一直有一个梦想：出一张自己的个人专辑。这条路并不平坦，他失败的次数太多太多，但他仍然坚持。面对唱片公司的拒绝和他人的冷眼相待与嘲讽，他化逆境为动力，最终成了一位了不起的音乐人！

马克思曾经说过："人要学会走路，必须学会摔跤，他才能学会走路！"在成功的道路上会有苦涩，也会有迷茫。因为我们无法预料下一步将会发生什么，因此我们充满了期待，希望与挫折争斗，分你我之胜负，而每次都是被伤得难堪十足。人生，就是要在不断地追求奋斗中升华，我们需要的就是失败后从头再来的勇气和自信，在挫折中再生，在绝望中再生，在"再来一次"中拼搏与努力！千百次的失败与痛苦，磨炼、造就了一个人的执着性格；千百次的挫折与风雨的洗礼，使一个人的心灵从脆弱到坚强。我们是羽翼脆弱的雏鹰，经历了无数次的磨炼，已然练就了一双坚硬宽大的翅膀，我们正准备展翅高飞，飞到成功的彼岸！

逆风过境，处之泰然

张　颖

"逆风如解意，容易莫摧残。"

前方的路是怎样的？仅仅作为活在浩瀚宇宙中，比尘埃甚至星河光尘更渺小存在的我们，无从知晓。前路漫漫，且不论未来到底如何，我们都应该如蜡梅般在寒冬绚烂绽放。一个人活在这个血红与洁白无瑕相互纠缠的世上，不可能自始至终都只是一张平平淡淡的白纸，一路畅通无阻，没有任何波折。即便坎坷、挫折与困难时刻伴随着我们而悄然无声地前行跟从，我们也不应畏惧胆怯，勇敢面对、努力拼搏、战胜一切艰难险阻，才能铸造出辉煌灿烂与成功的人生！

于我而言，风便是人情世故的顺逆与否。究竟是逆境或是顺境，却毫无规律可依循，也许是拘束，也许是从心所欲。

站在世界的某一个点上，眺望晚霞的金鳞，或是轻倚在木栏上，注视着地平线上的暮日。即便心中是惆怅浮躁，或是悠然淡定，你也无法知道下一刻会向你迎面吹来的是逆风还是顺风。大多数人在无法判别是顺风还是逆风的那一刻，下意识地做出的总只有顺从或抵抗。置身于风中，若来自远方的是闲暇散松的顺风，定会毫无顾忌从容大方地迎接；可若来自远方的是背道而驰的逆风，定会哀愁抱怨心浮气躁地拒绝。而风亦是揭示了如今社会风气状况。人面对不合自己观念或是想法的认知、风俗事物时，不也是这样吗？

在等待时，总会对于未来的风，未来的事充满幻想、期待，总会静若止水。却难知世事难料，在接受时若是发现与自己所想不符，就会迷失自我、猖狂而逐渐抱怨。这也是经常看到的现象。处于青春期的少年，总会自以为是而自身却孤陋寡闻，以浅薄的认知去定义整个社会甚至世界；处于社会上的人群，也是因固执愚昧或是混惑，抵触他们所谓的世俗红尘十丈，又怎会仔细想想风中的意味？这又何尝不是人在逆境中的表现？

可到头来再仔细想想，即便处于逆风中，又怎会阻止你的步伐？贝多芬坎坷的一生应该无人不知，在贫苦的环境下，在失去听力而沉浸的悲苦中，他仍然如逆水行舟逆流而上，留下的是让世人铭记的光辉，获得的是世人的称赞歌颂。面对他的"逆境"，仅仅是生活中的小小压力，学习中的小小困难，工作上的小小不顺——相比之下，你只是站在那个点，承受着亦大亦小的风罢了。

逆风，与它初见下，感到猝不及防。它毅然决然、不假思索；它变幻莫测，神秘不可追究。跌宕起伏后，停下，一场风平浪静。是处之泰然，还是飞扬浮躁？

想活的潇潇洒洒没有错，可风流盛景总会消逝，然当前的事实就是，人生如风，没有任何规律可遵循。只有以不变应万变，以万变应不变才是真理。"宜未雨而绸缪，毋临渴而掘井"。有来便有过，自我的防患于未然没有错，但对方的猝不及防更无过错。当处于逆境中，心态固然重要。

逆风过境，应处之泰然。

晨光伴我行

刘　灿

> 早晨醒来，面向太阳，前面是东，后面是
> 西，左面是北，右面是南。
>
> ——题记

闹铃被我一个翻身，打到了地面。在二十分钟的忙碌之后，我踏进了晨晖里。

阳光从白云中一点一点渗透，慢慢地洒在路旁的白桦树叶上。阳光像一个又一个小精灵，从那片树叶滑到这片树叶，最后斑驳的树影落在我的鞋子上——而下一秒，又映在灰灰的水泥地上。

不知道走了多少步之后，我远远地看见了与阳光相视微笑的学校。没犹豫，一直向前走着。

当我又一次抬头，看见A栋四楼教室时，阳光就包裹住了我整个眼帘，继而又眯起来眼睛，看着走在楼梯的几

抹红色的背影。我看到了他们脚下黑黑的影子，还有阳光一样的希望。楼梯转角之际，看见围栏外公交站又迎来一辆绿皮车。睡在路面上的那些阳光的影子被惊动，慌乱地四下逃走，从车轮到车身，车过后，它们又流落地面，回到原来的位置。车门吃力地打开，吐出了四五个人。还没等尘土弥漫在阳光下，几个红色的身影就飞奔离开。我收回目光，听着匆匆的上课铃声，混着我渐渐缓慢爬楼梯的"咚咚"声和沉重的呼吸声，也无心注意阳光的走向。等到冲进班级，坐在座位上时，阳光又挑衅似的降落在课桌上，连柜子上的几盆盆栽都被照得闪闪发光。书声琅琅中，南湖学校被晨光拥在怀抱里。

等到最后一堂课结束，学校里又一如既往地响起如流水般轻快的"让我们荡起双桨"这首歌。

此时的我正被夹在流动的人群里，只能说是"孤立无援"。等到被推搡到楼梯转角处的时候，才能稍微在露台上停留一会儿。然后目光会不由自主地飘到下面又一拨熙攘的人群中。鲜艳的红校服搭着各色的书包，偶有三三两两的便服突兀地混在其中。但唯一的绝对相同之处是每个人的脚下都踩着黑黑的影子，有时候它们还会跟着风一起摇。风路过树叶，小心地让它们发出"哗哗"声，生怕被远处藏在高楼后面只露出金光的太阳听到，又罚它关几天禁闭。

我依然在回家的路上继续走着，像每一个充满阳光的上午，和同路的朋友嬉笑打闹。

年 少 的 梦

范昊妍

当我还是个懵懂的少年

我有许多梦一般的愿望渴望实现

渴望群星照亮黑暗

渴望庭院洒满花瓣

渴望碎木变成秋千

也渴望变成蓝天中飞翔的纸鸢

也渴望自己的人生漫漫

能够不凡

能够为冠

能够被人称赞

为了梦想能够缓缓实现

我曾努力上攀

我曾一心为善

不再贪婪

不再腼腆

想着先苦后甜

想着静等时光荏苒

年少的梦就在我眼前

人生旅途依旧一去不返

只是重担慢慢爬上双肩

只是手掌缓缓长出老茧

只是生活仍然如此不堪

平静得仿佛没有波澜

只是渐渐，渐渐

长大的我突然发现

年少的梦是如此空幻

当年的我是如此肤浅

竟渴望不凡

竟渴望为冠

竟渴望被人称赞

明知自己是那么不堪

再努力也是枉然

想着如今再有不满

也只能在那无尽的空幻中度日如年

带着梦默默哀叹

直至有一天

一个扎着马尾的女孩来到我面前

笑着说她叫"初念"

曾经住在我心里面

可如今她有一个心愿

能够重新住在我心里面

能够再次像当初般

为了年少的梦变得无比勇敢

待到我真正善良与勇敢

坚定地走向自己选择的每一个明天

会在第二天的阳光中发现

原来雾很淡，水很浅，路很短

我已经可以独自越走越远

而她，会在每个下雨的夜晚

帮我撑一把雨伞，与我道一声晚安

满足地看着我微笑的脸

看着我成为那个终于梦想成真的少年

然而她似乎开始不再与我相见

只留下一封信件

说她会永远陪在我身边

待到手指带上紫环
待到再不渴望秋千
待到蓝天飞满纸鸢
待到年少的梦在我身边再次重演
恍然大悟她没有离我太远
她一直一直住在我的心间
原来"初念"
"初念"
便是最初的信念

成长的蜕变

粥

晏维欣

我又被胃痛折磨得死去活来……

端上来了一碗热腾腾的肉粥，木制的碗里饱满的白米，微黄的鸡丝混着对比强烈的细碎木耳末……

我吹了吹冒着滚烫热气的粥，送入嘴里。

粥的米香充满着口腔，黏软弹牙，但我并不喜欢。

拨通冰冷的电话，一声忙音后，电话中甜腻的女音一遍遍重复着："对不起，您拨打的是空号……"在偌大的房间里回荡。

我看见墙上的镜框里面，弓腰驼背的老太太，笑起来满脸皱纹，背着一个眼睛大大的胖娃娃……这是我跟老太太唯一的一张照片……

小时候最喜欢喝的是老太太做的山楂水。夏天的时候，老太太的背像一座拱起的小山，蹲在地上，浣洗着珊瑚珠子一样的山楂……那是很难得的，只有在极热的夏日里，老太才肯放下终日里挥舞的蒲扇，我蹲在凉席上面，看着她小山一样的背上下起伏着。她烧开了一锅水，加进去甜丝丝的蜂蜜和酸酸的山楂，放凉后，便是一场独属于舌尖的闲情逸致。小时候，那是我唯一的"饮料"，更是和小伙伴茶余饭后的谈资。

我从小的抵抗力就弱，冬天往往是我生病的高峰期。临近冷空气，老太便早早把我打扮得像个小粽子，然后为我熬上一碗米粥。在老太太的眼里，粥便是最养胃暖身的"宝贝"了。雪花冷丝丝地飘下来的时候，我的眼睛还没有睁开，便闻到了一股淡淡的米香，听见了锅灶里热水沸腾的咕噜咕噜声。

天还没有彻底亮，远处挂着几点小星星。

等晨光熹微，老太给我裹着被子，端上一碗粥。粗糙的瓷碗，边缘坑坑洼洼，米粥却出奇的白，竟可以与窗外银装素裹的大地融为一体。我不太熟练地拿起勺子，学着老太太的样子，吹一吹米粥，再往嘴里送。米粥从咽喉缓缓滑向胃里，瞬间温暖了我幼小的心。

整个寒冬，我就这样在混杂着米香的风里度过。

十年前，老太太每日早起，只为给天生体弱的小女孩儿煮上一碗又一碗的白米粥。

十年后，长大的女孩儿依旧体弱，还患了胃病，在青草依依的坟墓前怀念那一碗又一碗的粥香。

家里就我一个人。

我咀嚼着粥里的鸡丝，听着窗外大风拍打树叶的呼啸声，它们像是被禁锢的精灵，极力要冲破这薄薄的玻璃窗。

见底的碗里飘出白色的雾气，冷空气似乎要来了……

大美南湖，青春飞扬

奚智康

岁月了无痕，转眼间我已经在南湖学校两年之久了，依稀记得初来学校的青涩，但岁月让我在这所学校中收获了很多，也成长了许多。

"走自己的路，让别人说去吧！"或许是这所学校教给我的最大道理。

初来学校，令我们这些新生最为恐惧的并不是月考，而是让人"闻风丧胆"的校服，这件事，我在小学就早有耳闻。每当早操时，总会看到一群群"红色身影"，当时的我或许是因为幼稚，或许是因为审美观的缺陷，总觉得那套校服是土里土气，浑身都充斥着农村人的味道。而当我真正穿上这套校服时，才知道什么叫"天道轮回，报应不爽"，为此我还懊恼了好一阵。可两年过去，成熟的心智覆盖了当年的幼稚，在现在的我看来或许才是最华丽的

成长的蜕变

装饰品。这不仅给我们提供了平等交流的平台，不存在贫富贵贱，还有效地避免了校园盛行"炫富"现象。

世俗的眼光总是我们成功中路上的绊脚石，但经过校服一事，我才恍然大悟："走自己的路，让别人说去吧！"

"热情奔放，活力四射"是南湖学校给予我的另一项"本领"。

"初出茅庐"的新生来到陌生的环境总是会感到"囊中羞涩"，我也不例外。刚刚来到这个大环境的我，也算是班级中的"世外隐士"。无论班级中的任何杂事，我都摆出一副"得道高人"的模样，一概不予理会，俨然有"两耳不闻窗外事，一心只读圣贤书"的悠闲。

运动会踏着轻快的脚步靠近了，班里各位"能人异士"都"八仙过海，大显神通"。而我，这一位默默无闻的"隐士"似乎被同学的热情感染到了，但始终坚定不了决心。直到放学回家，心烦意乱之际，不经意间望见校服，那耀眼的"红光"一次次使我"热血沸腾"，这仿佛在告诉我"青春就是要热情奔放，活力四射"。第二天，或许是被热情冲昏了头脑，孤高的我竟让选择"出山"，融入集体，为奖牌而拼搏。

如果说青春是一段华丽的舞蹈，那么南湖学校就是伴舞；如果说青春是一段华丽的乐章，那么南湖学校就是音符；如果青春是难忘的回忆，那么南湖学校就是其中必不可少的一部分，组成我完整的青春。

大美南湖，奏响我青春最华丽的片段，让青春飞扬。

在南湖遇见你们

董小婷

如果说，相遇只是两条直线的偶尔交汇，那么南湖学校绝对就是这个交点。而我在这里遇见了你们，亲爱的你们，可爱的你们，搞笑的你们，702班的你们。

秋色向南，和你们竟度过了这么长时间，而秋日的暖阳把细碎的回忆晒得烂漫。我们在南湖这个大家中一起成长，看着彼此更清楚地成为自己，看彼此一起为梦想奋斗。

我早已不再是当初的我了，而你们也不是，在进入南湖的那一刻，我们都进入了另一程的成长。而在这里，我们一起走过了蛮荒，去追寻鲜花之地，虽然依然在路上，但是有你们的陪伴，我便不惧此后漫长岁月。

而和你们在一起的时光，也让我学到了很多东西。我看你们拼命奋斗的样子，在心中不断地告诉自己，别人都在努力，你凭什么放弃？然后默默地学会在黑暗中奋斗，朝着光亮的地方前行，永不言弃。我也在你们的包容下，更像一个班长了，慢慢地承担起作为班长的责任。也终于明白，长大的含义除了欲望，还有勇气，责任、坚强，以及某种必要的牺牲。

大家一路走来，有人离去，也有人带来，我们也都学会接受了人生的无常聚散。但我想要谢谢中途退场的他们，谢谢他们陪我走一程，谢谢他们给我们留下的美好回忆。愿他们在我们不在参与的时光，仍似当初般美好善良，也愿他到那么一群人，和他做伴，一起上路。

大家一路上都在学习，又是那么乏味，可是因为你们，像枯死的树木绽放了嫩叶，而我也绽放了笑容。当时的你们也真是厉害，让严肃的语文老师说"等一下，让我笑一下"这样的话，果真功夫不浅。

我会小心翼翼地珍惜，陪我度过漫长岁月的你们，因为毕竟时空辽阔，我们花了很多的运气才让生命轨迹有了交错。

我有一颗心，半颗心用来感谢，谢谢上天让我遇见，给了我无穷的力量以及美好的回忆；另外半颗心用来珍惜，珍惜接下来大家在南湖度过的日子。

当尘世未醒，花未败，藤未枯，石未烂，与你们为盟，南湖为冠，拼一个春暖花开，赢一个无悔人生。

致　南　湖

李佳敏

只因有如今的你，才铸就未来的我。

——题记

漫步在小道上，路过这所学校，不经意间欣然一笑。如今的学校，似乎与去年并无差异，可我清楚地知道，它，变了；我，变了。

去年，我满怀憧憬地踏入这所学校。在踏入的那一刻起，我便明白，我的未来将在这里启程，我的梦想将在这里启程。因为有它，才会有以后的我。

可后来的我，曾经不止一次怀疑过我当初的选择，质疑当初的初衷。

步入六年级，一切看似一帆风顺。可只有我知道，初来的不适应，入学的压力，父母的期望……这一切使我喘

成长的蜕变

不过来气。也正是那段时间，我变得焦虑、浮躁，甚至开始出现失眠的情况。可这一切终究会暴露出来，不久的月考，使我倍受打击，我一度信心受挫，那一阵仿佛天地也是灰色，整个世界也都会沉默。

但很高兴，很庆幸，南湖改变了我。小学的我沉默寡言，即使与同班同学共同生活六年，朋友却也寥寥无几。那一段时间里，周围同学即使素不相识，也都跑来安慰我。老师的疏通开导、同学的真诚友善、学校的丰富活动……点点滴滴都改变了我，我开始打开自己，有了自己的社交圈，学习得心应手，老师们也宽慰地笑了……

父母对于我的改变，也倍感欣慰。曾经，父母不止一次与我促膝长谈，希望我可以试图开放自己，却也都效果甚微。这一点一滴的改变也使他们感受到来自南湖学校的真诚，让他们坚信，当初的选择是正确的。

随着学校的不断建设，我真切体会到作为南湖学校的骄傲与自豪，我不再沉默少言，继而展现的是青春的朝气与自信。看着又一批新生进入校园，望着他们青涩的面孔与好奇的眼神，我不禁感慨时间如同白驹过隙，相信他们的明天也会如同今天的我，步入南湖，所面对的必将是改变自我。

初冬来临，树上的金桂已隐去了笑脸，薄雾散去，南湖学校若隐若现。我仿佛看到了未来的我，骄傲地站在学校门前……

恋　南　湖

居雅琦

青曦已在那天边吐露
苏醒的林鸟
已在远近间相应喧呼
又是一度清晓

我收拾一筐红叶
露凋秋伤的枫叶
血红的颜色侵占了它
像是那天边的晴霞
装饰你澄澈的双眼

我偶遇一朵野花
朝雾里的小草花

含着闪亮的珍珠

像是追求光明的花蛾

装饰你翩然的发丝

山中金尽

天上星散

我迟迟不愿与你分离

此日撒向天空的恋意诗心

赞颂那晚景

清晨富丽的温柔

都融入我无限爱意之中

弥盖我爱的校园

如我毕业

你便是我母校

则来春花香时节

我必重来此地

再捡起支离破碎的记忆

细品

慢吟

唯有窗外

瑟瑟风声吹动花蕾朵朵

又念起我的青春

我的同窗

我爱的南湖!

那一缕阳光

詹晨阳

人一生中最美好的时光莫过于童年了，于我亦是如此。在我孩提时代，最喜欢的就是那一缕阳光了。

儿时，我与爷爷奶奶共同生活在农村，而且是村子里人烟最稀少的一角。似乎是特意将这地方隔开，与本村之间有一片茂盛的竹林，与邻村之间又有一条小河，终日不紧不慢地流动着。一次偶然的机会，爷爷从邻村回来，顺便给我带了几根油条和一小袋豆浆。呵，毕竟是农村里没见过世面的家伙，见了这喷香的早餐，眼中竟也放出了光。没多大顾虑，便狼吞虎咽着。见这新鲜东西，像是猪八戒吃人参果，没一会儿便精光了。尽管肚子已经吃饱了，但"贪心"这张嘴是永远都填不满的，眼睛仍意犹未尽地盯着那空空如也的袋子。一旁的奶奶看着自然是心知肚明，脸上露出一副让人不易觉察的神色，但转瞬便又消失了。

　　一天清晨，奶奶在床头摇了摇我，说："快起来，我带你去个地方。""什么地方啊？"我有些好奇。奶奶却说："别问那么多，去了不就知道了嘛。"于是，匆匆地穿衣洗漱后，我便随着奶奶向前去了。我们走到了河岸，停了下来，奶奶指着一艘木船对我说："慢慢走上去，在后面坐下来。"我认得这船，已经被我家划了快二十年了，还是爷爷年轻时候买的。我便又问："上这船干什么？是去对岸吗？"奶奶没点头，也没应答，只是随后缓缓地说："坐稳了，不要动。"我只好作罢。此时正是早上六点多，只见一轮红日从东方冉冉升起。我是看着它在水天相接的地方一点一点地升上去的，至今仍感觉那是多么绝妙！刚刚还隐约发散着寒气的小河忽而被金色洒满了，波光粼粼。到了对岸，我们走上了一条长长的土埂。过了约有十分钟，我们来到了一处集市。左边是早点区，右边是菜市场，一眼望过去，只有人和腾腾的热气。奶奶领我到一个早点摊子前，让我坐在凳子上，自己去了摊主旁。不一会儿，她端了一些东西过来。我定睛一看，是油条，豆浆，包子……我很惊喜却又有些迟疑地说："奶奶，你这是……"她慈祥地笑着，摸了摸我的头，说："吃吧，全是买给你吃的！"我先是一愣，但一会儿便开心地吃着。抬头间看到奶奶慈祥地笑着，还有几缕金色的阳光。

　　我将这缕阳光永远珍藏在心中，因为在我童年的粗茶淡饭里，这就是最好的幸福和爱。

试卷的味道

杨贝贝

试卷的味道？试卷除了印刷纸的味道还有别的味道？

我知道，当我在纸上写下这个标题的时候，一定会有许多人会觉得无法理解，试卷的味道？试卷有味道吗？如果你们这样问我，我会很肯定地告诉你们——有，不但有味道，而且还不止一种。

在成长之途中，我们总会与一张张试卷做伴。有的人把它当作成长途中的一道道关卡，成功前的一道道可攻破的门。而有的人却已经将他当成了有着深仇大恨的敌人了，现在甚至已经演变到了看到试卷就头疼的地步了。属于前者的人认为正是这一张张试卷，我们才会有一个个出色的成绩，作为我们不懈努力的回报，拿到试卷后的喜悦，不正是一种甜甜的味道吗？这种甜滋滋的味道不正是你所做过的一张张的试卷所给予的吗？而对于那些属于后者的人来说，一张张试卷，一场场考试，总会让他们拿到一个个并不理想的成绩，这种沮丧的心情不就是一种苦涩的味道吗？这样一来，人们本认为毫无味道可言的试卷就已经有了两种不同的味道了……

可是，我们有没有想过，其实试卷的味道是由我们自己而定的。决定你试卷的味道的因素——是你，是你在面对考试面对试卷前的准备……

如果你的考前工作做得很到位，你说的试卷，一定会是甜甜的味道。即使一开始你的成绩并不理想，你的试卷泛着涩涩的苦味。可是我相信，只要你付出努力，只要你的付出是有意义的，你的试卷一定会慢慢地由苦变成甜。因为努力不会白费，努力与成果是相对的，你努力了多少，得到的回报也就有多少……

在这个世界上，一切的一切都是公平的。有的人，上帝给了他们聪明的大脑，可能对于一般人而言很难的问题对于他们来说不过是轻轻松松的"小儿科"，可能他们的试卷会一直很甜。但如果他们空有着聪明的大脑，却不好好利用，甜，也会慢慢变成苦的。而有的人，上帝虽然没有给他们多么聪明的大脑，但却给了他们吃苦耐劳的品质。也许，一开始的时候，对于他们而言试卷是泛着苦味的，可只要他们付出努力，苦，也会慢慢变成甜的……

试卷是有味道的，而且有很多种味道，有的一直很甜，有的一直很苦，有的由苦变甜，而有的却由甜变苦……试卷的味道虽多，但你的试卷是什么样的味道却取决于你。

回 家 路 上

袁文俊

　　自从妈妈又上班去，我每天只能和爷爷走回家。再者，冬天愈来愈近，每次等我回到家，天都黑了。

　　回家路上也不都是无聊的。每天，几个伙伴一起回去，一路上有说有笑，你扯一句我扯一句，总有聊不完的话题嗑不完的瓜子。有时候，我们也会苦中作乐。一次，寒风凛冽，枯叶飘落，风儿把行人的雨伞掀了起来，然后装作什么也没有发生，一溜烟又向远方飞去，任凭行人如何咒骂，它也不停歇。朋友和我卖力的撑着伞，脚上仿佛绑了千吨重的秤砣，每迈一步，都显出不堪重负的样子。然而，身上的"秤砣"并未压倒我们的内心。朋友将伞面迎着风，巨大的风力只是将伞吹得蜷缩，朋友扮出一副进击的勇士模样，好像在硝烟战火中探索着胜利的希望，在迷茫无知中探求真理的存在，在困苦的现在寻觅着美好的未来。我也不甘示弱，像模像样地学了起来，耐不住体弱的苦恼，撑不了一会儿就放弃了。朋友只是笑笑，不说话，大概是不想打击我，呃，应该是懒得打击我。雨越来越小了，风却还在吹着，吹谢了那湖边的杨柳，吹折了那弱小的树苗，却吹不毁人们的信念。我将伞收了起来，实在是担不动了，两肩酸溜溜的。很快，朋友到家了，我还一个人迎着刺骨的寒风。跟我一路的人也稀稀拉拉，到现在也没人来接我，苦中作乐，乐得苦啊！

回家路上的人行色匆匆，都生怕错过了些什么，即使到了晚上，依然没有消失。有的人甚至还要走上一天，还要一个星期，才能见到他们渴望已久的家人。一个温暖的拥抱，一声亲切却又许久未听见的问候，一句早该来却迟来了许多年的祝福，都将会在这一刻升华。多年的一顿团圆饭后，他们又拖着大包小包的行李，关门声在深夜几乎听不见。这一晚，他们没有多久的时间休息，但他们却很享受这几个小时，享受与家人在一起的每分每秒。他们不知道下次与家人见面是什么时候，或许一年，或许十年，他们心中又多了无限的期盼。

回家路上的人来了又还，还了又来，在一条走不尽的回家路上全力奔跑……

勇敢迈出第一步

胡鑫怡

曾在某本书中看到过这么一句颇有哲理的话：有些事情，不是因为难以做到，我们才失去了自信，而是失去了自信，我们才难以做到。

仔细想一想，在日常生活中，我们不正犯这样的错误么？很多时候，我们过高地估计了事情的难度，或是过低看轻了自身的实力，才使得许多本可以成功的机会与我们擦肩而过，失之交臂。

但其实，万事开头难，只要我们能成功的迈出第一步，勇敢地去尝试，那么就已经在成功的道路上迈出了坚实的一步。或许有的时候，迈出的那一步就已经接近成功了。所以千万不要放弃"试一试"的机会，也许正是这"试一试"的机会，能使得我们得到梦寐以求的成功。

正是因为"试一试"，所以我们不需要瞻前顾后，不必压力重重，不必小心翼翼，更不必担心后果。就算结果是失败的，我们也不必气馁，因为"失败是成功之母"。

谁都无法否认那种敢于探险，敢为人先的精神。我们每个人都可能会经历那一次尝试说不行，那永远是懦弱的表现，我们不应该做那样的人。甚至有的人想找一条通往成功之巅的捷径，这也是不可能的。我们要做一个敢于尝试，勇于迈出第一步的人。

"尝试"不意味着我们不可能得到成功，也不是说我们一定都能够得到成功，这是取决于我们的态度。在英语中，尝试的英文是try，而try的固定搭配有两个："try to do"和"try doing"，它们是努力去做和试着去做的意思，而我们则要以"try to do"为起点，努力向目标前进。

人生在世，我们要活出精彩，勇敢迈出第一步，走向成功。但我们可能会受到各种其他因素的干扰，那么这个时候，我们需要遵循自己内心的想法，为自己的行为负责，迎接美好的未来。

古人云："临渊羡鱼，不如退而结网。"我们要敢于尝试，相信自己。

收拾行装，重新出发

阚心月

> 在人生的道路上，要么喜悦欢快，要么充满
> 苦难磨砺。无论如何都不要忘记，生命的嫩芽总
> 会破土而出，即便是枯木也会逢春。无论遭遇多
> 大的坎坷和磨难，都要怀揣一颗坦然的心，然后
> 乐观地重新开始。
>
> ——题记

史铁生先生曾经说过这样一段话："微笑着，去唱生活的歌谣。不要抱怨生活给予了太多的磨难，不必抱怨生命中有太多的曲折。大海如果失去了巨浪的翻滚，就会失去雄浑，沙漠如果失去了飞沙的狂舞，就会失去壮观，人生如果仅去求得两点一线的一帆风顺，生命也就失去了存在的魅力。"人生的旅途中，挫折总是如影随形，变幻莫

测。它如同一块石头，对强者来说，它是通往成功之路的垫脚石，对弱者来说则是绊脚石。

1883年，富有创造精神的工程师约翰·罗布林，雄心勃勃地意欲建造一座横跨曼哈顿和布鲁克林的大桥。罗布林的儿子——华盛顿·罗布林，一位很有前途的工程师，也确信这座大桥可以建成。然而，有许多桥梁专家却对他们说，这个计划纯属天方夜谭，不如趁早放弃。最后父子俩克服了种种困难，说服了银行家们投资该项目。

然而，大桥开工仅几个月，施工现场就发生了灾难性的事故。父亲约翰·罗布林不幸身亡，华盛顿也受伤严重。许多人都认为这项工程会因此而泡汤，因为只有罗布林父子才知道如何把这座大桥建成。

尽管华盛顿·罗布林丧失了活动和说话的能力，但他的思维还与以往一样敏锐。他下决心要把父子俩费了很多心血的大桥建成。一天，他脑中忽然一闪，想出一种用他唯一能动的一个手指和别人交流的方式。他用那根手指敲击他妻子的手臂，通过这种密码方式由妻子把他的设计意图转达给仍在建桥的工程师们。整整十三年，华盛顿就这样用一根手指指挥工程，直到雄伟壮观的布鲁克林大桥最终落成。

无独有偶，法国有名记者叫傅迪。他在一次心脏病发作后四肢瘫痪，只有左眼可以活动。但他决心把打好腹稿的作品《潜水衣与蝴蝶》写出来，于是他要求笔录员门迪宝协助他，每天花六小时笔录他的著作。而他们之间的沟通只能靠左眼的眨动来完成。每次，门迪宝按顺序读出法语常用字母，傅迪每眨眼一次表示字母正确，眨两次表示错误，然后拼成词语。这种常人难以想象的"写作"终于在数月后奇迹般地完成了。这本一百五十页的著作已被出版，受到人们的欢迎。

一根手指就可以建造一座大桥，一只眼睛就可以写出一本书，还有什么是不可能的呢？只要你像勇士一样战胜困难，这个世界就不会有什么真正的绝境。

无论黑夜多么漫长，朝阳总会冉冉升起；无论风雪怎样肆虐，春风终会缓缓吹拂。当挫折接连不断，当失败如影随形，当命运之门一扇接一扇的关闭，我们永远不要怀疑，总有一扇会打开。

那时，就是我们"收拾行装，重新出发"的时刻。

风　雨

董思恩

天空变得阴沉，铁块般的乌云悄悄聚集，不断翻滚膨胀，慢慢压下来。

桂花树的树干弯成一张弓，树梢使劲往东边顶着，叶子全部黏在一起，想拼命挣脱树枝朝东边跑去，又忽然垂下来。远处的玉米秆好像被一双大手拢在一块儿，狠狠地拽向东边。门口的残枝败叶卷了起来，越卷越高，发出哗啦啦的声响，一直卷到墙角。一只鸟尖叫着从高大的香樟树里窜出来，却飞向地面，向右一飘，向左一斜，翅膀猛地一颤，旋转了一个弯，又轻盈飞上了墙头。

渐渐地，空中飘荡着一团团白色的烟，一只狗飞快路过马路，不知躲到何处去了。大雨下了起来，豆大的雨点，像剪断了线的珍珠不断落下，一个个想迫不及待地亲吻久别的大地。雨越下越大，打在树叶上发出吧嗒吧嗒的声音，落在地上的雨不久汇成了小溪。这些小溪抹着淡黄、青翠的颜色，"咯咯"笑着、唱着、跳着，向前奔去。雨滴像颗颗珍珠，一把把洒在河面上，平静的水面泛起涟漪，荡起的水花宛如一朵朵盛开的莲。雨哗哗地下个不停，像千针万线，把天空密密实实缝合起来。

不知过了多久，烟消云散，大空渐渐泛白了。花坛里的灌木叶显得更异常清新，嫩绿叶子覆盖着雨水如一块块冻结的绿冰，绯红的月季花包含着粉红色的雨水垂在路面上。空气中充满着泥土的芳香，花叶的清馨夹着微风扑面而来，使人仿佛置身于绿色的梦幻中。麻雀、蟋蟀鸣叫起来，只是那一两声，渲染更静谧的氛围，流入人心。

如果人生不经历风雨，还能变得这样美好吗？

我们都是一条洄游的鱼

孙先乐

那天，来到童年生活的小镇，突然想出去走走，顺便去老家旁边的市场帮奶奶买点生活用品。这个在我印象中，每天早上都是吵吵闹闹、拥挤不堪的市场，在那个下午却安静得有些诧异。整个小巷子只有路边坐着几个老人，老旧的平房，门敞开着，可以看到里面：十七英寸的电视机正播放着表演和化妆都很夸张的很老的电视剧；一个很小的女孩在房外的水龙头前用凉水冲脚；裁缝店里传出缝纫机时断时续的"嗒嗒"声……

我一瞬间恍惚了，好像来到了宫崎骏里的动漫世界，也好像来到了我童年的世界——童年的我也是生活在这样老旧的小平房，也是像这样把房外的水龙头拧开，用凉水冲着脚。我在进入小巷的这个下午，仿佛洄游到了那个纯真的时代。

"不要在拼搏的年纪谈回忆。"我一直用这句话来勉励自己,但现在,我却放纵自己在回忆中洄游,就稍稍放纵一下吧。

林深之在她的《别人的青春》中说到,她的童年是失足从坡上摔下去的那一刻结束的,而我的童年是在爷爷去世的那一年结束的。人真正开始思考人生的意义是从面对死亡开始的,只有面对死,才会渴望活着。记得那几天我一直在进行我思想的宏大叙事:死亡是什么?人生的意义又是什么?凭着那时单纯的勇气,我相信没有什么我不能解决的事。

现在虽也有这种勇气,却也明白了这些问题在哲学上是人类无法解决的问题。而我,也是在不自觉地思考这些问题,并终于明白自己的无知之后,逐渐洄游到自己的童年。

四岁的妹妹最近爱上了画画。我便让她为我画一幅画像,可是照着我的样子,妹妹却只画了一条戴着眼镜的鱼。我哭笑不得,便问她为什么把人画成鱼。她说:"人不是由鱼变来的吗?"

也许我们就是一条鱼,一条在思考中、在回忆里洄游的鱼……

校园！时光！梦想！

林佳文

清晨的第一缕阳光
斜斜地洒在校园的课桌上
雨后的第一道彩虹
出现在我去往那儿的地方
青春这趟列车
缓缓地向前驶去
校园啊
那是我放飞梦想的地方

当我还是孩子的时候
就知道校园是我必去的地方
我无法阻挡
这成长的步伐

我无法逃避

这现实的渴望

我渐渐发现

那儿并不是个可怕的地方

在那里

我遇见许许多多的朋友

在那里

我学到丰富多彩的知识

在那里

我感受到了人生的真理

在那里

我度过人生最美的时光

当课间与同学畅想未来

当课上与老师遨游书海

当放学独自走在那充满余晖的小道

每天我都在那里演绎着自己的时光

我要让清晨的第一缕阳光

温暖地洒在跑道上

我要让雨后的第一道彩虹

点缀这里的芬芳

我要让青春这趟列车
踏过校园的小径
因为
我要在这里放飞梦想的翅膀

校园三绝

王心雨

学校是我们的另一个家，它给予我们温暖与帮助，给我们指引着人生的道路，把我们培养成才，使我们接受青春的洗礼，感受着成长与奋斗的幸福。它如此之美好，让我们难以忘怀，尤其是我们南湖学校的三绝，一直吸引我到现在。

一绝：引人入胜的美景

每当下雨或起雾的早晨，学校的综合楼就仿佛那"犹抱琵琶半遮面"的少女，云里雾里，有一种如临仙境的感觉。最引人注目的就是那操场，从教学楼上往下看，操场就像碧绿的翡翠镶嵌在南湖学校这块大地上。

当然，最让我喜欢的还是那晨光中的校园。校园的早晨是美好的，淡淡的朝霞下，偌大的校园没有一丝声音，小草摇动着那细嫩的胳膊，在风的陪伴下，做起了早操，小花的脖子上，挂着晶莹的水珠项链，在风的伴奏下，跳起了优美的舞蹈，它们唱着、跳着，迎来了许多同学。校园的一天就这么开始了。学校的四季也是十分迷人的，桃红柳绿的春天，花繁叶茂的夏天，枫红菊香的秋天和松青雪白的冬天。

校园的美景使我深陷其中，无法自拔，但在学校里，最为重要的还是学习，这不禁让我想到了我们南湖学校的第二绝。

二绝：良好的学习环境

书香缕缕，缕缕入心，书声琅琅，朗朗上口。走进校园，我们总能听见那娓娓动听的读书声，就连阳光都听得入了迷，从大门偷偷地溜进我们的校园，久久不愿离开。无论在哪个角落，我总能看见同学们认真学习身影，这也在校园里增添了一道美丽的风景线。

另外，学校先进的教学设备也为我们营造了良好的学习环境。设备齐全的理化生实验室，充满科技力量的信息技术教室，满是天文地理的地理教室，以及多媒体教室等，正是因为良好的学习环境，使得我们南湖学校的成绩一直名列前茅。

三绝：丰富的课余生活

都说劳逸结合，我们学校的课余活动是非常丰富多彩的，在综合楼后面的少年宫便是我们日常活动的最佳场所。学校也开展了各种各样的兴趣班：合唱、书法、素描等，当然最具代表性的便是足球队。我们总能看到一大群在操场上快乐训练足球的孩子们，他们不惧严寒酷暑，不惧跌到与失败，一直坚持不懈的训练着，尽情地挥洒着汗水，感受着奔跑与竞争的魅力，而这造就了他们一次次的成功。

学校的跑操也是小有名气呢！每当下午最后一节课结束后，全体同学排着整齐的队伍进入操场，随着音乐的号令，一起围着操场跑步。每次跑操时，校园护栏外总会有一群驻足欣赏的人，大概是被我们跑操时的运动氛围吸引住了吧！

除了这些以外，学校还有一些其他的活动：元旦亲子晚会、红五月合唱比赛、运动会、艺术月和竞赛月等等，无不使我们的身心得到很好的放松。

当然了，我们南湖学校的优秀绝不仅仅只有这三点，如果你真的想了解，就来这儿看看吧，我们欢迎您！

小猪窝里的小猪

陶宇菲

妈妈一看到我的房间就骂我的房间是猪窝。

说实话，我特别喜欢"小猪窝"这个称呼。我的房间与家里其他房间格格不入。客厅、饭厅都井井有条，有棱有角，每一件家具都在那安安分分地趴着，一看就是"训练有素"。不过我的房间会让你有一种错觉，你可能会怀疑自己刚才看到的房间与现在看到的房间是不是隶属同一所房子。我的房间最多也就六平方米，十分拥挤，简直比国庆长假时长城上还要拥挤。书都在书柜里争占最佳"领地"，笔都挤在一个笔筒里，看得出来他们已是"义愤填膺"。试卷、资料都横七竖八在书柜里躺着，小玩具、电器插头都将就着在书柜里坐着，它们也怕跌下去粉身碎骨、面目全非。

隔一段时间，你就可以在书桌上，抽屉里"寻宝"：

成长的蜕变

橡皮屑，纸、不用的笔芯……如果我不主动请它们走，那它们一定会定居下来，赖着不肯离开。

猪窝当然是猪住的寓所。我毫不在意我这个"猪"的身份，因为小猪可以肆意在床上打滚，可以任性地在草稿本上签自己的名字，可以随便在墙下写下歪歪扭扭的明星名字，可以在黑夜时躺在床上，回忆过去，畅想未来……

我的"小猪窝"也许依然是我心灵的栖息地。

逾越叫"手机"的城墙

章　怡

　　手机曾经一直是我难以逾越的一座城墙，可如今，对于那座曾向往的城堡只剩下轻描淡写。

　　曾经拥有手机的时候，在手机上必有一个软件叫QQ，那件事比任何手机软件都重要。那时候真的很迷恋与依赖手机，会玩一款叫"开心萌萌消"的东西，很少会玩一种"部落冲突之皇室战争"的游戏，但是还会下载"英雄联盟"或"忍者突袭"的玩意。渐渐变得倦了，慢慢发现，这种闯关或练级的游戏太浅薄了，除了可以在同学面前吹嘘炫耀，在闲暇时光与同学讨论外，也没有任何用处。QQ那种东西，只是自己打着问作业的名义，去与同学聊天浪费成长时光的借口罢了。我开始放下，也终于渐渐成全了真正属于自己的人生。

　　但是，谁又能真正放下那些自己倾注了精力与时间的事情呢？阳光依旧，这位少年不变，依然听着手机中下载的歌曲，她表面展示出轻松，但她很明白，她已经沦陷于手机无法自拔，但人的惰性总是轻描淡写地对她说："不必去改。"

终于，在一次聚会中，家长们纷纷议论着各自孩子的学习，轰轰烈烈。坐在隔壁桌的我，侧耳倾听，平平淡淡。直到我在茫茫人群中，看见我妈妈高兴的笑容，为我自豪的样子，原来，令她骄傲的一直是我的学习，并不是我倾尽全力去打的排位，也不是我如今游戏等级的段位。那一瞬间，我放下了自己手中的手机，默默看着那位我人生归宿的熠熠行星，心照不宣，真心微笑。

回家后，我苦思冥想。片刻后，我砸碎了自己的手机，那一瞬间，我竟有一种释然的感觉。手机，这个困扰我内心的恶魔，它带走的不仅是我所谓的无聊的时间，也带走了我初来学校的认真态度。但庆幸的是，它在那一瞬都消逝了，随波即逝。

在手机被砸后的时光里，从开始没有手机时的不习惯到渐渐适应，我才发现曾经的我只是庸人自扰。其实，同学之间谈论更多的是学习，原来，能让我真心微笑的，也不仅仅是手机与游戏。如今的我，细细回想，还是会觉得可惜，但我知道可惜的别名叫曾经拥有，曾经有过手机的时候开心过就够了。

这一切结束得刚刚好，现在还是会有人不解地问我：

"为什么一次聚会就改变了你？"我总是笑而不语，因为理由真的很简单，我不想让父母为我奔波忙碌，换来的只是我的空寂沉默，我不想让希望被自己摧毁淹没。这不叫失望，叫绝望。

我开始正视曾憧憬的未来与一尘不染的初心，那些随风而逝幼稚的轻烟时光，那些回不去的曾经，我不悔。因为，有些事情做对了叫成长，做错了，叫经历。那段征服内心恶魔的时光，谈不上峥嵘，但也算得上一次刻骨铭心了，这是否算自己人生另外一种高度？

终于，我逾越过了那座城墙，后来终于明白，我也不是非要去那座曾经向往的城堡。

成长的蜕变

董 蔓

落叶舞了一秋，将秋的泪舞尽。

流年似水，往事匆匆，夏的热烈已经烟消云散，唯一留下的记忆是岁月的磨痕，让我在秋天的月夜中伴着呢喃的虫声细细品味。进入六年级以来，一夜夜孤灯陪我奋战在题海之中，一路走来，留下了深深的成长的足迹。

记忆中，儿时的天空是那样的湛蓝，儿时的花开是那样的灿烂，儿时的溪水是那样的清澈。然而，曾经的我去了哪儿？曾经的我天真、活泼、可爱，那种无忧无虑、自由向往的生活给我带来了无数次的欢乐。

曾经在春暖花开、万物皆春之时，我在一块绿油油地草地上肆意奔跑着。跑累了，便躺在草地上，大口大口地呼吸着新鲜的空气，没有烦恼，不会为学业而发愁。曾经，那么疯，和小伙伴们在草地上挥洒着汗水、泪水，草地上荡漾着我们的歌声，笑声，一切都是那么美好……

现在，春暖花开，万物皆春。脑海中被学业装得满满的，学习给予了我无限的压力，让我身心疲惫，一个"累"字概括了我所有的生活，根本没有时间去思考着一些琐事，更没有心情去欣赏优美的风景。

未来的路，有多漫长？未来的路有多坎坷？未来竞争有多激烈？未来艰辛又有多少？我全然不知。青春是一场破茧成蝶的过程。我的童年已经逝去，我要用我那逝去的童年来祭奠那到来的青春。

走过了一段苦学的历程，我渐渐成熟了，稳重了！是一年芳草绿，捉不住的光阴毫不留情地越出了我手指的缝隙，我也不再都在光阴的缝隙中自怨自艾，因为我相信：

东流逝水，叶落纷纷，荏苒的光影都会这样悄悄地逝去。但青春终归是美好的，我要在美好的青春年华里，奋力拼搏，让青春散发出理想和光芒！

我想这便是我成长的蜕变！

长大后我成为你

吴心悦

雨露能滋润草木，给予它力所能及的帮助；阳光能够带来生机，奉献出它无限灿烂的光芒；园丁能够培养花朵，贡献出他本色当行的本领。老师，您就是那雨露，太阳和园丁吗？

我憧憬过很多美好的未来：在三岁时，我的梦想是当一个卖冰棒的小贩，边卖边吃；在五岁时，我的梦想是当一名伟大的科学家，发明隐形衣，发明变形丸；在十岁时，我的梦想是当一名天文学家，找到可以供人类生存的第二星球；现在，我十二岁了，我的梦想是当一名老师，就和您一样，将自己的知识毫不吝啬、毫不保留地奉献给祖国的花朵们，我也要当雨露、太阳和园丁，和您一样。

在您上课时，我从您孜孜不倦的语言中，看到了我的向往。也许，这个梦想，也会像之前的梦想一样，短暂而渺茫，但是，我相信美好的未来必定需要一个美好的梦想。长大后，我也会站在您经常站的位置上，手中拿着粉笔，和您一样，循循善诱地说着，讲着。小时候，我以为你很美丽，领着一群小鸟飞来飞去；长大后，我才知道那间教室放飞的是梦想，守巢的总是你。小时候，我以为你很有力，你总喜欢把我们高高举起；长大后，才知道那个讲台举起的是别人，奉献的是自己。老师，您是我们成长的引路人！我想和您一样，做灯塔，指引方向；做白帆，牵动着梦想；做明月，照耀着心房！

长大后，我就成为您啊，老师！小时候，我以为你很神气，说一句话就能惊天动地，长大后，才知道那块黑板写下的是真理，擦去的是功利。您一节课要拿起板擦多少次，放下板擦又多少次；粉笔断了多少次。古人云："春蚕到死丝方尽，蜡炬成灰泪始干。"我要和您一样，做春蚕，做蜡烛。老师，您知道吗？萤火虫，幼时会吐一丝闪亮的丝线，那丝线小虫一黏上去，就飞不走了，萤火虫就顺着丝线爬上去把小虫吃掉。而幼虫的父母由于寿命只有短暂的一年，在死之前会飞到幼虫吐的丝线上去，作为幼虫的食物。我觉得，您和成年萤火虫一样，一生都是"发光"的。

小时候，我觉得你很神秘，可以把难题转换为乐趣；长大后，才知道那支粉笔画出的是彩虹，洒下的是汗滴。那老师的精神也许会传千里，但老师不会在乎这一点，因为他们只会心想着明天的课程怎样讲才会具体、更详细。
我也会像你一样，永远发光，永远奉献。

　　长大后，我就成为你。我相信，您的精神必定会传千
里，您的桃李一定会满园春色！

和老太公一起走过的日子

吴　钧

　　七天，只有短短的七天，幼时的记忆仿佛
只有这一段时光令我最难忘却。是您，让我明白
了很多至今都没有完全理解的人生道理；是您，
在我最无助时，为我敞开一片温暖的怀抱；又是
您，为我指明了正确的人生道路……老太公，栀
子花又开了，我来看您了……

——题记

　　三岁那年，也不记得是什么原因了，只知道那一天晚
上，爸爸接了一个电话后，全家人都慌忙从床上起来，慌
慌张张地坐车离开了。我也被奶奶背在背上，离开了家，
不知要去哪儿。

　　周围一片漆黑，我趴在奶奶的背上，借着淡淡的月

光，凝望着周围的一切，耳边不时传来奶奶的抽泣声。广阔的天空中，除了月亮之外什么也没有，路旁的草丛里，还有几只不知名的虫儿在窸窣作响。也不知走了多久，忽然传来了一阵芬芳扑鼻的香气，让我不由得多做了几次深呼吸，我循着这股香气，远远看见前面有几点淡白色若隐若现，就好像天空中的星星一般闪闪发光。

"奶奶，什么花儿这么香啊？"

"那是栀子花开了，我们已经到了。"奶奶边用衣角擦着眼泪边说道。

香气越来越近，不一会儿，我就看到了那棵栀子花树笔直地挺立在一户人家前。我仔细注视着这棵栀子花树，感受到了一种前所未有的亲切感，似乎它就是我的一位至亲之人。

奶奶敲了敲那户门前有栀子花树的人家，不一会儿，门里走出来一位老爷爷，虽然看不见他的容貌，但是我竟然在他的身上再次感受到了那种亲切感，比之前更加强烈。他看到了我们后吃了一惊，然后我就看到奶奶和那位老人说了些什么后就匆匆忙忙地离开了，我依稀记得奶奶临走时看我的眼神是那么的焦急和担忧。让我的心中不由得产生了一种莫名的恐惧。这时，我才知道眼前这位老人是我的老太公。按常理说，一个只有三岁的孩子被丢在一位陌生人家时，必定会大哭大闹，更何况我此时十分害怕。但是我却没有任何反应，他身上的那股熟悉的气味一下子就得到了我的信任，十分乖巧地留在了他家。

老太公家十分简陋，卧室里只有一张床和一张书桌，以及一个破旧的台灯，唯一值钱的也就只有那台收音机了。但是他家随处可见一朵朵洁白的栀子花，床头、桌前、窗户边，到处都散发着沁人心脾的香味。老太公把我抱到床上，打开那盏幽暗的台灯，这时我才真正看清了他的样子，大大的眼睛，长长的胡子，眼角有着深刻的皱纹。但是，他的眼睛十分澄澈，每一道皱纹里都散发着慈祥，他看我的眼神中充满了怜爱。他从床头的一个破旧的铁桶里拿出一份墨子酥来递给我，但我却迟迟不敢打开包装。

"吃吧，小钩子，挺好吃的！"

"你怎么知道我的名字？"我惊讶地问道。

"因为你的名字就是我取的呀！"他一边说着，一边打开那份墨子酥喂到我的嘴里。

就这样，我就在他家住下了。每天早上他都起得很早，泡上一壶茶，从那个铁桶里拿出两份墨子酥，一份给自己，一份给我，坐在那棵栀子树下，闭上眼睛，仿佛在思考着什么。

"老太公，这棵栀子树是你种的吗？"

"对，是我小时候种的，我特别喜欢它的香味，它能让人静下心来。"

"我也特别喜欢它！"

老太公听了，睁开眼睛朝我笑了一下，起身摘下一朵洁白的栀子花。

"来，过来坐……我之所以喜欢栀子花并不是完全由于它的香气，它虽然貌不惊人，既没有桃花妖艳，也没有荷花芬芳，但是它却有着浓厚的香气，很远就能闻到。这就好比一个人一样，虽然貌不出众，但却才高八斗……"老太公将着胡子说到。

我接过那朵栀子花，仔细地观察着，突然，一只极小的虫子从花里钻了出来，吓得我连忙扔掉了那朵花。

"啊！有虫子！"我惊慌地叫道。

"哈哈哈！"老太公笑道，弯腰捡起了那被我甩掉的那朵花，"这也是我喜欢栀子花的一个原因。因为它的香气，它必定会吸引来很多小虫子，但是它本身并不会因为这些虫子而失去它的本质，不会因为任何东西而影响到自身的品质！"他撕掉一片花瓣，更多的小虫从花里钻了出来。

我懵懂地看着老太公，脑海中不断重复这一番话，再次凝望着这棵树时，才发现他是这么美丽，高尚。

"做人，就应该像栀子花一样，相貌并不重要，最重要的是有洁白无瑕的品质，不能因为外物的干扰而迷失了自我，这样你的香气才会传得更远，也会被更多人欣赏……"

于是乎，他每天早晨都会拿上两份墨子酥在树下和我一起感受栀子花的香气，听他给我讲栀子花的故事，我也学着他一样闭上眼睛，装模作样地理解人生……

"老太公，我也要做一个有着栀子花品质的人！"

"好！老太公一定等着那一天！"

到了第七天早晨，老太公起得更早了，在栀子树下将我抱在怀里，慈爱地抚摸着我的头，眼里充满了泪光，不禁深深地叹了口气。

"老太公，你怎么了？"我擦去他眼角的眼泪，奇怪地问道。

"小钩子啊，你以后还会再来看老太公吗？"他沙哑着嗓子问道。

"当然了，我当然会再来看老太公的，我还要继续听老太公讲栀子花的故事呢！等到下次栀子花开的时候，我一定会再来看老太公的！"我天真地说道。

老太公什么也没有说，只是将我紧紧抱在怀里。我靠在他的肩膀上，闻到了一股强烈的栀子花香气。

那一天下午，奶奶来接我了，在那棵栀子树下，我和老太公道别了。临走前，老太公摘下一朵栀子花，插在我的衣服上……

"小钩子，你一定要做一个像栀子花那样的人呀。"老太公含着泪说道。

"嗯！我会努力的！老太公再见！下次再来看你。"

老太公靠在门上，看着我们慢慢走远，我远远向他招着手，远远地看到一朵朵栀子花慢慢落下。

一晃一年过去了，栀子花又开了，我想起了和老太公的约定，吵着闹着要奶奶带我去老太公家。

"老太公？哪个老太公？"

"就是那个门口有栀子花树的老太公呀！"

"你说他呀，他并不是你亲的老太公，而且他去年好像就去世了……"

原来，在我离开一个多月后，老太公就不幸去世了。这时，我才知道他一生无儿无女，和我在一起生活的七天，估计就是他这辈子最幸福的时光了吧。奶奶说他人缘很好，村子里的所有人都十分尊敬他。在我看来，他就是那个有着栀子花品质的人。

时隔多年，我再次回到了他居住的地方，一切都没有变，只是随处可见的栀子花不见了。我打开了那个结满了蜘蛛网的铁桶，我知道，里面再也不会有墨子酥了……泪水不禁夺眶而出……脑海中又再次浮现出他的模样，他的那双澄澈动人的眼睛，而他对我说的那番话，也会让我受益终身。

老太公，栀子花又开了，我来看您了……

说"萌"

王业芸

当今世界，是个令人啧啧称奇的信息化时代，谁都会说那么几句潮流、赶时髦的网络用语以显示自己并未与这个时代脱轨。人们经常用以形容人的大概有"二"和"萌"了。那么，何为"萌"呢？如何理解"萌"呢？

细翻网上的各色自拍，拍客们无一不眨巴着眼睛，鼓着千篇一律的包子脸自诩为"萌"，我们心里所定义的"萌"大致也是可爱的同义词吧！

议及此，人们不禁想问：难道这就是"萌"吗？字典上解释"萌"为萌发、发展之意，那么是否可以理解为活力与青春的意思呢？

美国著名的插画家塔妮奶奶，耗费了自己三十余年的光阴在荒地上建起了一片花园。她虽手如虬，面如菊，但依旧盘起美丽的发辫，围着素布碎花的围裙，整日泛舟湖上，赤脚逗狗。在她的心中，大自然的一切都如此美好，动物的脚印像一串音符，一条项链。这位九十二岁却依旧优雅而美丽的女子，怀揣一颗永远年轻充满活力的童心，她当是"萌"的吧！

除此之外，"萌"是否也是蓬勃发展、不屈不挠的小草的精神？

吟出"老夫聊发少年狂，左牵黄，右擎苍"词句的苏轼，在王安石变法中数遭贬谪，仕途坎坷。可他依旧拥有一颗忠国为民、不屈不挠的爱国之心，欲以一片赤诚报效国家，年逾四十的他告诫后人"休将黄发唱黄鸡"。

有人或许问了，古典中的苏轼怎会"萌"，我如此写未免太牵强了，可我想说，"萌"不仅仅作为一种外在形象出现，更作为一种代表中华民族内涵的精神存在且不被淘汰。

如此看来，作为三军统帅，鞭指天下的曹操怕也是"萌"的。他霸业未竟却韶华已过，虽心怀惋惜，但不甘在时间面前低头，遥望滔滔江水他留下了"老骥伏枥，志在千里；壮士暮年，志犹未已"的名句。曹操，这个戏台小说中亦正亦邪的人物在历史上留下了浓墨重彩的绚烂一笔。

由此得出，"萌"的表面意思或许是可爱活泼，但其真正的精神文化内涵应当是年轻活力、蓬勃不屈、不轻言放弃吧！

"萌"在古汉语中同"氓"，意为百姓，大概是先人希望我们都有这种积极向上，不向年迈、不向时间屈服的精神，愿我们"垂头自惜千金骨，伏枥仍存万里心"，永远"萌"下去！

遇见另一个自己

陈 瑶

一天早上，我走在一条小路上，用脚踢着石子，路却是静极了，除了我，没有一个生命的存在……

我一不留神摔了一跤，在疼痛的刺激下，开始骂天骂地，责怪身边种种不好——害我摔倒。

突然，一道白光直射向我，无意一瞥，那黑黑的影子竟慢慢站立起来，再往地上看时，我的影子不见了。

我满眼写满了惊恐，她却淡淡地拍了拍我肩膀，伸出右手欲拉我起来，她说："您好，我是另一个您。"语毕，我稍平复了心情，把手放了上去，欲借她力站起。不想，她竟快速把手一抽，我再一次狠狠地坐在了坚硬的水泥地上。她却捂着嘴偷笑道："您真是的，也不抓紧我。"

我愤怒地连忙跳起，欲离她远去，却一步也动不了，像是个附属品。

　　只得跟着她走进一扇门中。一阵尖锐的哭声在我耳膜中激荡。只见她抱起小宝宝，柔声安抚了一番，突然狠厉地叫道："都是椅子，害得我亲爱的弟弟摔跤。"说完，便狠狠地拍了下椅子，我淡然的眸子转而波澜四起。不明的液体充盈着，但不流下分毫，一阵痛楚袭来。低头一看，自己成了把椅子。

　　那三岁的孩子不知怎么了，抡起拳头往我身上挥，嘴里还不停地说着"都怪您！都怪您！"……

　　眼睛里的液体又多了点。不知何时，我随她又进了另一扇门。

　　她坐着，看着手中满是红叉的试卷。一旁的门缓缓打开，一个颤巍巍的身影显现出来，手里捧着一杯糖水，"孙女，大冬天的，喝杯糖水暖暖身子。"她看着卷子久久不应，老人又说了句："这次没考好，还有下次机会。"她也不知怎么了，将自己的怒气集中到嘶吼上："下次，下次还能考好，人家喝的那是牛奶，益智又健康。糖水越喝越笨。"语毕，她鬼使神差地掀翻了那杯水，留下了刺骨的寒。老人又颤巍巍地收拾好，缓缓走出去，留下来佝偻的背影刺痛我的神经。我大声呵斥着"别走"，却是什么也没能改变。眼泪似决堤的河水，肆意喷涌而出，她笑了笑："怎么，这不都是您以前所做的吗？这些借口终于刺痛您的心了吗？"

那一刻，心上的茧壳片片剥落如花。一切恢复如常，她没跟我打招呼，便又化作了影子，在阳光的照耀下熠熠生辉。

辗转反侧中，一些莫名的情愫浸湿了一枕的温暖。

大千世界，若做错了，借口从来都不缺，只不过错误会"比刹那更短，比时光更长"。

如今的世界正被这层腐朽所蚀，让我们勇于面对错误，敢于改正错误，大声呼喊："我们来啦！"